# まわりみち極楽論

## 人生の不安にこたえる

玄侑宗久
*Genyû Sôkyû*

朝日新聞社

まわりみち極楽論　人生の不安にこたえる／目次

カバー写真　石動《いするぎ》弘喜
装　　幀　坂川事務所

# まわりみち極楽論

人生の不安にこたえる

# はじめに

僧侶が芥川賞などいただいてしまうと、いろんなことが起こる。お通夜でサインを求められる、などということはいずれ熱が冷めて収まるような気がするが、なにやら悩みを抱えた人々の突然の来訪や電話相談は今でもけっこうあり、これはなかなか収まりそうにない。

電話や面談の場合はそれなりに応対することもできるが、最も丁寧な形である手紙でのご相談には殆んど答えきれず、考えているうちに時が過ぎてしまい、申し訳ない気分だけが澱《おり》のように溜まってきた気がする。

だから、「それならこの本を読んでください」と言える本が欲しかった。その意味でも今回この本が出せたことはとても嬉しい。

およそ、人の幸せの様子はなんとなく似通っているけれど、苦悩は千差万別である。たしかトルストイもそんな科白《せりふ》を残していたと思う。息子の破産によって代々の家屋敷を失った母親の苦しみ、あるいは家族に三人も癌患者がおり、自分もその一人だという女性の訴え。また娘の非行に悩む母親の悩みなど、どれもそう簡単には答えようのない相談事ばかりだ。相手だって、相談したからどうにかなるとは思っていないはずである。

しかし多くの悩み事を見聞きするうちに、私はある種の共通点を感じるようになった。それは、大きな悩み事であればあるほど、ああも考えられるこうも思うことができるという発想の自由さを失っているということだ。まるで油の切れたハンドルのように、そうなると不必要な衝突まで招いてしまう。

そして真っ直ぐしか向けない彼らが正面に見つめているのは、どうも「幸福」という概念らしいことも共通している。私には、それこそが不幸を感じるシステムであるように思えるのだ。まるでむちうち症の人が首をロックされるように不幸の意識で縛られた首は、さらに視野が狭くなっていく。

お釈迦《しやか》さまは、「四苦八苦」と言われる苦しみからの解脱《げだつ》を目指して出家した。そして一生かけて弟子たちに指導したのは、あくまでも苦の反対語の楽、つまり「安楽《あんらく》」になる方法だった。のちにその境地は「極楽」と呼ばれる。

幸福とは、本文で詳しく述べたいが、じつはある種の欲望であり、不幸を感じさせる原因でもある。どんなに相談されてもそれを叶えて差し上げることはできないのである。

どなたでもそうだと思うが、たとえば将来の自分の「幸せな家庭」像を描いたとする。優しい夫と結婚し、犬を一匹飼い、家は白い一軒家がいい。しかし、じつは数年後、その状況が実現したとしても、人はけっしてその状況を「幸せ」とは感じていない。幸せという目標はいつのまにか上方修正され、夫にはもっと優しくしてほしいし、犬のほかに猫も飼いたくなるし、家だって今度はもっと駅に近いほうがいい、床暖房にしたい、と膨れあがってくる。つまり「幸せ」とは到達したと思ったら逃げてしまう永遠の幻のようなものだ。これを提供することはおそらく誰にもできない。

しかし不幸感で固まった意識を解きほぐし、錆びついたハンドルに油を注ぐことはもしかするとできるのかもしれない。そう思ったのがこの本を書くキッカケだった。つまり、めざすものを「幸福」から「安楽」「極楽」に方向転換していただく。それだけで、人生は別な顔を見せてくれると思うのだ。「極楽」は「幸福」のようにキリのない欲望なのではなく、ちゃんと誰もが辿りつける心と体の状態のことだ。しかもそれは、生きていてこそ実現できるのである。お釈迦さまは、死後のことについては一切語らなかった。

もとよりお釈迦さまの見事な説法には比すべくもない。しかし、幸福ではなく極楽をめざすことだけでも納得していただけたら所期の願いは達成である。

そのためにも、私は仏教だけでなく様々な宗教や思想、多くの人々の思考の蓄積をお借りした。短歌や俳句、ドドイツなども詠《よ》み人の知れないものまで引用してある。あるいはそれを、なんたる廻り道と思われるかもしれない。しかし私は、廻り道こそ楽しい極楽への入り口だと思っているのだ。

この本を書き始める直接のキッカケは、栗田礼子さんという方にいただいた。彼女が大きな目次にあるテーマを投げかけてくださり、私が小さな目次を置きながらそれに答えていったのである。あくまでも話すように書いた。そして「できるだけ易しく深く」という彼女の希望に沿《そ》ったつもりである。

私としても、今回はじめて「ゴンベが種蒔きゃカラスがほじくる」方式でテーマを与えられ、自分の考えをまとめてみた。種を蒔かれなければ当分ほじくらなかった問題かもしれないと思うから、この本は私にとっても廻り道に富んでいて新鮮なのである。

また朝日新聞社の矢坂美紀子さんには、単行本としてのまとまりを持たせる工夫をいろいろと示唆していただいた。他にも出版前に読んでくださり、助言をいただいた多くの皆さんに感謝申し上げたい。

当然、一冊の本としてのまとまりは意識したつもりだが、場合によっては興味のあるテーマから拾い読みしていただいても結構である。それもあなた自身の楽しい廻り道なのだと思う。

最後にもう一言だけ申し上げておくが、この本を読んだからといって急に金まわりがよくなったりモテだしたり、あるいは病気が治るというような現世利益《げんせりやく》は、たぶん、ない。おそらくこの本は、誰もが望むそうした常識的幸福観に非常識という油を注ぎ、廻らなかった首がまわるようになるための本なのである。

しかしそうして首が自在になって安楽を満喫したら、もしかしたら急に金持ちになって健康になり、モテだす可能性までは否定できない。私は別に、妙な期待をもたせたいのではない。つまり安楽・極楽と幸福とは、そのような関係だと申し上げたいのである。

# 一　人間関係に悩んだら

## 二つ目の人生観の必要性

普段私がいろんな方々と接していて思うのは、やっぱり人間関係の悩みがいかに多いか、ということですが、その意味では最初にこの質問がくるのも非常によく解ります。

先日も突然訪ねてこられた方が、二時間ちかく職場やら家庭での悩み事を話していかれたんですが、じっと聞いてると、どうもその方の根底に、自分が嫌われているという意識がある。それからその嫌っている相手に、勝負して勝ちたいという意識があると思ったんです。

そしてこの二つは、どうもいろんな悩める方々に共通して感じることだと気づいたんです。

極端な言い方かもしれませんが、人間関係次第で世界がバラ色になったり逆に鉛色に沈んだりしますよね。しかし私たちは、人間関係を好き嫌いで考えたりするのはどこかで良くないことだと思ってるんじゃないでしょうか？　それに、勝負して勝ちたいと思ってるだろうって言われたって、おそらく気づかないくらいそれは無意識に染みこんじゃってる思考法なんですね。

考えてみれば、私たちは物心がついてからずっと、勝負して勝つように教育されてきた。しかも好き嫌いで物事を判断しちゃいけないっていうのも繰り返し言われてきた。それはもう私たちの人生観の背骨になってるのかもしれないと思うんです。

だけどその立派な人生観が、今あなたを苦しめていませんかと、私は言いたいんです。いわば、人生観に統一がとれていて美しすぎるために、その人生観を壊したくないために、自分のほうを人生観に合わせようとしてるんじゃないか、と。

だから、今人間関係で苦しいならば、今までとは違う人生観を築いてみることが大切だと思うんです。たぶん人生観って、作り上げたら一生ものみたいに思っていらっしゃると思うんですが、私は違うと思う。少なくとも学生時代のような、好き嫌い言わずがんばって戦って勝つみたいなものは、二十代とか三十代では苦しくなってくるでしょう。なかには八十になってもご近所で一番を目指してる方とかいらっしゃるんですよね。

苦しくなったら脱皮する。人生に対するいろんな見方を知って、それまでの人生観を補強したりあるいは内装模様替え、リニューアルオープンしたっていいと思うんです。

この本では、仏教的な人生観だけじゃなくていろんな考え方をご紹介したいと思っています。ですから、この際行動の美学とか人生観そのものの統一性よりも、現実的な悩み苦しみに対応する姿勢で読んでいただきたいんです。

人間ってつくづく厄介な生き物だと思いますから、人間関係というのはもしかしたら永遠のテーマなのかもしれません。しかし、いや、だからこそ、じっくりと廻り道してでもいろんな考え方を知ったほうがいいと思う。けっこう非常識なことも申し上げると思いますが、そういう観点でお許しいただければ幸いです。

## 第一設定、好かれなくてはいけない？

あの人との関係がうまくいかないのは、そりゃあアイツが嫌な奴だからで、別に自分の問題じゃないという声も聞こえそうです。まして「好かれなくちゃいけない」なんて言われたら「別にあんな奴に好かれなくたって一向に構わない」と言われそうですが、ちょっと待っていただきたいんです。

そりゃあ確かに私の所に相談にみえる方々も、もっともっと複雑な話をされます。大抵聞いてるだけで一時間くらいすぐ経っちゃいます。それぞれが個別に複雑な悩みを悩まれているわけで、決してどなたも自分が誰かに嫌われてる、嫌がられてる、なんて話にはならないんです。

しかしどうも私には、この好き嫌いということが根底に横たわっているように思えて仕方ないんです。そしてこればかりは、理屈で納得しようとしてもどうにもならない。誰になんと言われようと「ウマが合わない」ってありますでしょ。しかし根本がそうだとしても普通私たちは、自分の悩みはもっと高尚で個別的で複雑だと思ってるんじゃないでしょうか。厄介ですよね。

仏教では、人間に「六道《ろくどう》」という心理状態の幅を想定しているのですが、地獄《じごく》・餓鬼《がき》・畜生《ちくしょう》・修羅《しゅら》などはともかく、その上の人間《じんかん》と天《てん》の違いは何かと言いますと、結局人間関係が悩みの種になっているのが人間《じんかん》で、それが喜びの種になっているのが天だと思うんですね。どちらにしてもそれはコロコロ変わる心の一時の姿ですから永続するわけではないのですが、人間関係いかんでこの世の住みごこちが一変することは確かでしょうね。

考えてみれば地獄・餓鬼・畜生・修羅だって、いわば最悪の人間関係の表現なんだと思います。

人間関係がうまくいかないと言ったって、誰ともうまくできないというある種の病態と、あの人とうまくいかない、ということは分けて考える必要があると思います。

あの人とだけはうまくいかないという方を考えてみましょう。

先ず思うのは、目標の設定の仕方が違っている人が多いということですね。つまり、最終的に私たちが望むのは、誰に対しても自分の思ったことが言えて、それが解ってもらえるという事態だと思うんですが、そのためには先ず好かれなくちゃいけない、ということを忘れがちです。

人間、好きになった人の言うことは理解しようと努力するし、多少理解できなくても認めようとすると思うんです。やはりどうしようもなく、人間は「感情の動物」なんじゃないでしょうか。

そう思って、最終目標に到達することを優先して、多少のことは目を瞑《つむ》ったほうがいい場合が多いような気がするんです。

言葉を換えれば、細かいことは笑って許してしまっても、揺らがない自分を持てればいいわけです。ところが多くの場合、相手の言葉一つ一つに拘《こだわ》り、そこで自分を主張しようとしている。

ちょっと待てばいいんですよ。例えば五秒くらい。どうも皆さんスピーディーであろうとし過ぎじゃないでしょうか。

結局会話してるようでも、人の話を聞いていないことが多いですよね。相手の言葉を聞きながら、じつは次に言う自分の言葉を考えてる。なんだか人間関係すべてが、勝負みたいになってるんですね。

## トコトン議論してもうまくいかないことがある

それからトコトン話すことが人間関係をよくすると思っている方が多い気がするんですが、やはり個人主義的に育ち、しかもディベイトという方法論を学んでいる欧米人と日本人は別だと思いますよ。議論していると、ああも言える、こうも言えるという余裕がなくなってくるのが善くも悪しくも日本人だと思います。つまり感情移入能力が高いということかもしれませんが、そういう人はやはりトコトン議論しちゃいけません。その場では許せるような気分になったとしても、人間はあとから根ほり葉ほりいろいろ考えます。同じ材料が全く違う理屈の証拠になったりするわけです。ですから、妙な材料は与えないほうがいい。言い過ぎたり、思わず感情的になったりした共通の経験は、決してプラスには働かないと思います。

結局人間の他人に対する認識って、言ったことや行動という経験の蓄積で決まりますから、言葉や行いはやはり慎むに越したことはない。一生忘れられない言葉とか、一生忘れられない行動ってあるでしょう。そうしたものも、トコトン行けば解決すると思っているとトンデモナイことになりますよね。

好かれる、ということを優先すれば、自《おの》ずと慎むはずです。なにか打算的に聞こえるかもしれませんが、好かれるというのは、結局自己実現するための一番の早道じゃないでしょうか。いわば生活力ですよね。

剣道に「残心《ざんしん》」っていう言葉があるんですが、例えば人を斬りますよね。しかしまだ倒れないという場合、剣先を喉元《のどもと》に突きつけたまま倒れるのを待つんですね。相手の眼を見たまま。それが「残心を示す」ということです。

もちろんもう一度斬れば相手は確実に死ぬわけです。しかしそれをすることは相手の尊厳をひどく傷つけることだと思うんですね、末期《まつご》の在り方として。むろんその一手を打たないことで相手に反撃されるかもしれないわけですが、その確実な一手を打つことは死に行く相手に対してあまりに失礼だと考えるんですね。
この礼儀が、どんな相手に対しても必要だと思います。夫婦でも、嫁姑でも、むろん兄弟や親子でも。

口を開けば仏祖にそむく　悟らぬまえに火花散る

ってね。これドドイツですね。口は怖いですよね。それからもう一つ。

先で丸く出りゃ私じゃとても　角に出やせぬ窓の月

好かれる、ということも、自分が安楽であるためにはとても重要だということですね。

相手ではなく、自分の記憶を憎んでる

やはり「人間」、人の間《あいだ》っていうくらいですから、その時々の間柄でいろんな自分が出てくる。しかも知っている相手の場合はこれまでの出来事の記憶が蓄積されてますから、普段憎らしいと思ってる人に遭うとその記憶が甦ります。考えようによっては、人はその人を憎んでいるんじゃなくて、その人に関する自分の記憶を憎んでいるわけです。今日は別に何も嫌なことしていない。今日はまだいい人なのに、過去の記憶の延長上にしかその人を見ることができない。

日本人の挨拶で「こんにちは」っていうのがあるでしょう。これはすごく意味深長だと思うんですよ。

たとえば「グッド　モーニング」とか「グーテン　ターク」とか言う場合は、「今日は」である必要はないわけですよね。つまり「今日も」佳《よ》い朝、佳い日であることを祈っているわけです。しかし私たちが言うのは「こんにちも」ではない。「こんにちは」なんですね。この挨拶は、昨日までの過去はともかく、と言ってますよね。過去は忘れて、今、仕切りなおしましょうって挨拶してるんです。極端に言えば、「今日こそは」っていう意味あいですね。今まで生きてきた永い時間の記憶から解放されて、ニュートラル（真っ白な状態）に戻りましょうっていうのが日本人の挨拶なんですね。

この世界には客観的な実体がなく、すべて私たちの「識《しき》」が作り上げていると考えるのが唯識《ゆいしき》仏教なんですが、この世界観では、蓄積された記憶の印象が私たちの最も深い意識である「アーラヤ（阿頼耶）識」に薫習《くんじゅう》されていく、と考えます。つまりあらゆる経験の移り香《が》、残り香が染みついていくっていうことですね。それは唯識によればどうも完全に払拭《ふっしょく》できるものではないらしい。しかし私たちは、普段そんなに深い意識で生きているわけじゃありませんから、日常的なレベルではけっこうコントロールできると思うんですよ。敷居の前でお辞儀するというのもそう。それまで持ってたイライラとか腹立ちの感情を敷居の前で捨ててから客に対しましょうってことですね。

私たちの心にはいろんな感情が去来しています。一次感情として可笑《おか》しかったり腹立たしかったり不愉快だったり、つまり喜怒哀楽と言われるものですが、そのままならそんなに悪さはしないと思うんですね。しかし私たちは無意識のうちに、そうした一次感情を二次的な感情に加工してしまう。二次的な感情というのはつまり、愛とか憎しみですね。これは他人と会ってすぐに芽生えるものじゃなくて、どちらかと言えば一次感情を坩堝《るつぼ》に入れて煮詰めたようなものだと思うんですよ。ここでは記憶の蓄積が大いに働いてきます。さまざまな情報を、ある意味で「物語」に作り替えていくわけですね。

この「物語」っていうものが、人間関係だけじゃなくて、自分というものを認識する上でもとても重要な言葉だと思いますね。少なくとも私は、そう考えています。人は「物語」によって幸とか不幸を紡ぎだしているんじゃないでしょうか。じつは苦というのも、そうなんですね。

# 二　ウソについて

## この世で起こることは全てウソ？

急に話が飛んだ気もしますが、考えてみるとウソは、人間関係に悩んでつくんでしょうね。そしてまた苦しみが増える。

仏教の五戒にもウソや二枚舌、あるいは約束の不履行を禁ずる不妄語戒《ふもうごかい》というのがありますし、キリスト教社会でもウソはとても糾弾《きゅうだん》されます。有名なのはアメリカの初代大統領になったジョージ・ワシントンの話ですよね。桜の枝を折ったことを正直に告白して許される。ウソをつかないことは、あらゆる社会で立派なことと思われている。

ところでウソを考えるのに、ウソの反対語は何だと思いますか？

正直？　それから？

まこと（真）？　真理？

ええ、大抵そんなふうに答えると思います。

正直であることは、まあいいんです。そうしたほうがいいと思います。つまりこの場合のウソは、自分の思っていることと違うことを言うことですよね。これはシンドイですから、できれば避けたい。

しかしもう一つのほうは少し厄介です。これはちょっと難しいですが、本人は本当のこと、つまり真だと思って話しているケースです。ところが聞き手も自分の認識が正しいと思っていますから、その認識が違った場合には相手の言うことがウソだと思えてしまう。そういうケースがけっこうあると思います。これに関してお釈迦さまは、真なる認識などありえない、と仰《おつしや》っています。仏教の言葉ではこれを「無我《むが》」というのですが、この場合の「我」は「私」のことではありませんからご注意ください。

インドでは宇宙をあらしめている真理の力を「梵《ぼん》」（ブラフマン）といい、それは個々人にも及んでいると考えて、個人に発現したものを「我《が》」（アートマン）というんですね。ところが私たちには根深い煩悩があるからそれが雲のように覆ってしまって「我」がちゃんとした形で発現しない。この状態を「無我」と呼んだわけです。あるいは「非我《ひが》」とも言います。

その証拠に、「我」は本来、悩んだり苦しんだりしないものだとお釈迦さまは言います。これは、ホントかな、と思われるかもしれませんが、そういう世界観なんですね。アメリカの理論物理学者のアインシュタインも「この世界には、なんという調和があるのだろう」と概嘆していますが、世界がそうであるのに、その分身であるべき自分はこんなに乱れてる。こんなに悩んだり苦しんだり、つまり病んでいる。そう思えたわけです。そう思ったときに、人間はそんなもんだろうと考えたのでは何も始まらないわけですが、やはり何かの契機でこの宇宙の調和を体現できるときがあるに違いないと考えた。それが恐らく「解脱《げだつ》」と言われるものです。だから今現在の自分は本当の「我」ではない、というわけです。

じゃあ解脱すれば個人の中に宇宙の真理が完全に体現され、いわゆる「梵我一如《ぼんがいちによ》」になって苦しみもなくなるのか、ということになりますが、現実生活での苦しみというのはおそらく生きてる限りなくなることはない。ただその尽きない苦しみにどう対処し、どう暮らしていったらいいのかという現実的在り方を、お釈迦さまは長い人生の中で追究したんだと思います。

そうだとすれば、あらゆる人間では曇った感覚から曇った意志と曇った行動が導かれ、しかもその印象が、これまた曇って認識されていく。だから、誰でも「真」じゃないわけですよ。

つまり、真だと認識してる人はとんでもない錯覚をしてることになる。ウソだと思ってるほうがマシだということになります。だって誰かの認識が真実だということがありえないわけですから、まだウソだと思っているほうが実際に近いわけですよね。

この世で起こることは全て「虚仮《こけ》」だと言われます。一時的な仮の姿だというわけです。ウソと言うと語弊がありますが、実相ではない。真実ではない。そう思えば、「これこそ真実だ」と言う人は、みんなウソつきですよ。

## ウソを批判することは、人の心を読むことを放棄すること

じゃあもう一つの場合、つまりウソの反対語が「正直」である場合はどうでしょう。唐突かもしれませんが、体は非常に正直だと、私は思っています。内側の感情を表すものは、なにか必ず体に出ている。ですから言葉だけでなく体も含めて考えれば、人間はウソなんかつけないような気がします。ただ、体が発するサイン、汗でも眼の動きでもけっこう見落としますから、言葉だけから判断してウソだと批判したりする。

でもウソって、初めから人を責めるためにある言葉じゃないでしょうか?

だって、自分の心の中身を、常に言葉で正確に表現できると思うのがおかしくありませんか？　本人だって意識できないうちに、言ってることの辻褄《つじつま》が合わなくなってきたりすることはあるでしょう。ウソって、相手の話の整合性が崩れてきたことを批判する言葉じゃないでしょうか。しかしそれは批判のための批判にしかならない気がします。「ウソつき！」って批判したらウソをつかなくなるなんてことは決してなくて、おそらく批判された人は、どういう事態に怒られるのかを学んで、なるべく怒らせないように振る舞うんじゃないでしょうか？　それはもしかすると、もっとウソをつくことかもしれない。

ウソか本当かを判定するんじゃなくて、そういう事態にならざるをえなかったということを真っ直ぐ受けとめるべきなんだと思います。またまたドイツで申し訳ありませんが、

## 「知りませんの」とその一言に　愛嬌たっぷり味がある

言ってることと内実が違うだろうとは思いながらも、それを「愛嬌たっぷり味がある」と見る大人の余裕ですね。それを「ウソだ」と批判することは、人の心を読むことを放棄するってことじゃないでしょうか？　いいじゃないですか、騙《だま》されたって。首相とか知事さんとか、公職にあるわけじゃないんですから。行政の言葉、あるいは法律などの言葉が面

白くないのは、自ら「ウソがない」と、根拠なく自信もってるからじゃないですか？　あれ、まずいかな、これ。

ウソをつくのはもちろん苦しいですが、ウソか真かいつも判断してたらもっと苦しいんじゃないですか。「味がある」って受け容れられたら楽ですよね。

## 長い目で見れば、人間はウソをつけない

ウソって言われることの多くは、「心変わり」じゃないかと思うんですよ。「あのときああいうふうに言ってたのに、あれはウソだったのか、ウソつき」ってね。だけど、人の心は変わりますよね。「あの時はそう思ってたけど、今は違うんだ」っていうのは正直な思いであると思うんですよ。仏教では「諸行無常《しょぎょうむじょう》」って言います。

「ウソつき」って批判する人は、そのことを忘れてますよね。

人に一貫性を求めたい、という気持ちは痛いほどよく解ります。だけど、人には、なかなか一貫性なんてない。まあ、ないからこそ求めるわけですけどね。

自分が勝手に作った「物語」を人に被せてしまうから、その「物語」からずれてしまった相手が許せなくなる。それって随分勝手な仕打ちですよね。

基本的には、人はこの世の中で自分が一番可愛い。それは恥ずかしいことじゃなくて、当たり前のことです。しかしそのとき、相手もそう思っていることを忘れちゃいけないわけです。これはお釈迦さまの「不害の説法」と言われるものですが、「自分が一番可愛いと思う相手の気持ちを、害してはいけない」っていうんですね。

そのことを心の底から納得すれば、人間関係が根本から変わるような気がします。あまり人に期待しちゃいけないですよね。その期待は大抵叶えられないから、自分が苦しむことになる。それよりも自分が変わるほうが簡単ですよ。

ウソとかマコトとか言ってるより、一度自分をウソで誘導してみると面白いと思いますよ。例えば「ありがとう」って、別に思ってないのに、言ってみる。何度も何度もそう言ってみると、私たちの奥深くに潜んでいる合理性が、どこかから「感謝すべき事柄」を探してきますよ。「ごめんなさい」でも一緒ですけどね。

例えば、理由もなく「ありがとう」という言葉を連発したとします。何かにつけて「ありがとう」と言う。そうすると、その言葉が合理的であるということにならないと落ち着かないんでしょうね。私たちは何か感謝すべき事柄を探しだします。嫌な人だったとしても、その人が現れたことを何とか感謝しようと、心は新たな運動を始めるんですね。

逆に、理由もなく「馬鹿野郎」と叫べば、それもほどなく合理化されます。その相手の嫌なところをなんとか探しだすんですね。

私がいた修行道場では、入門当初、ものすごい回数叩かれるんですよ。もちろん坐禅を組んでいるときですから、素手《すで》ではなくて警策《けいさく》という板を使ってですが……。それで、叩かれるとまず何を考えるかというと、「なぜ叩かれたのかな?」って思うんです。あ、草履《ぞうり》がちゃんと揃っていなかったかな、とか、今は体が揺れてたかな、とかですね。ところが何度も何度も叩かれていると、だんだん理由が思いつかなくなるんですね。そうすると不思議ですよ、昔のことまで憶いだすんです。例えば高校時代にあの友達に意地悪しちゃったから今叩かれるんだな、とか。あるいは小学生のころにウソついたからだな、とかね。そこまで記憶を甦らせてまで、私たちは今受けている仕打ちを合理化しようとするんですよ。まあ、それがつまり禅宗式の懺悔《ざんげ》法なんでしょうね。

これはウソとかマコトとは次元の違う話に聞こえるかもしれませんが、結局私たちの頭も体も、ウソは受け付けないっていうことでしょう。だからマコトにしちゃうわけです。だからこそ、言葉は注意して吐かなくちゃいけない。言葉のとおりになってしまうからです。長い目で見れば、人間はウソなんてつけないのかもしれませんね。言ったその言葉を実現するように体が努力していく。そんな気がします。

たぶん、体と心と言葉が矛盾なく響きあってる状態が「楽」なんでしょうね。

# 三　自分自身と向き合う

## 無意識に「物語」を作っている私たち

自分を見つめるとか、向き合うとか、よく言いますが、なんとなく鬱陶《うっとう》しいですね。正面から向き合っても、鏡の中で自分も身構えていますから、あんまりたいしたものは見えませんし……。

そうなると歴史的に自分を纏《まと》めてみよう、なんて思うわけですが、これも憂鬱になるだけであまり意味がない。歴史的にいろんな自分を並べてそこに「物語」を被せるわけですが、これはある種のウソですよね。いろんなものを捨てていかないと「物語」は成立しませんから。

例えば「私はこの一カ月、息子のことで悩んでいた」って、普通にさらりと言っちゃうわけですが、実はその一カ月の間には美味《おい》しいお菓子も食べたし日帰りだけど温泉にも行ったみたいな、言うとややこしくなる事実があるわけです。しかしそういうことは全部無意識に省略しています。省略することで全ての文章は成立するわけです。

だから本当のこと言うと、この一カ月の間に食べた美味しいお菓子のことだけ喋ると、全く違う一カ月になる可能性があるわけですね。

歴史的に自分を見るということも、そういうことです。

例えば離婚を決心したとします。そうすると、その結論を合理化する出来事ばかりがズラッと憶いだされます。しかし別れない決心をした場合は全く違う思い出ばかりが蘇るわけです。結局人間は、誰しも自分が歩んだ道を肯定したいんですね。

しかし何か新しい出来事が一つ出来るだけで、歴史というのは塗り替えられますよね。例えば楠木正成《くすのきまさしげ》と足利尊氏《あしかがたかうじ》のどちらが正義か、なんてこともそうですし、卑近な例で言えば、私だって今は芥川賞作家ということで、まるで子供のころから作文が上手だったみたいに思ってもらえるわけですが、これで泥棒でもして新聞に載ったりすれば、そういえばあいつは子供の頃から手癖が悪かった、ということになるんですよね。

人は自分にも他人にも一貫性を求めてる。その一貫性を保証するように作られるある種の器《うつわ》が「物語」なんですね。

## 「分かる」は断面が見えたに過ぎない

「物語」がないと、自分も他人も把握することができない、というのは確かです。だから全体ではないと知りつつも人は何らかの「物語」によって自分や他人を摑《つか》まえようとする。別な言葉で言えば、それは「分かる」ということですね。「分かる」というのは「分けた」結果、断面が見えた、ということです。だから飽くまでも切り口が違えば違った姿が見えるはずです。そのことを深く認識した上で、人はいろんなことに向き合うべきだろうと思います。

ですから自分と向き合うと言ったって、問題はどういう「物語」を抱えて向き合うか、なんですね。今度は詠《よ》み人知らずの短歌ですが……。

ともかくも　心一つを住みかえよ　山も浮世も　外ならばこそ

状況はなかなか変えられないわけですが、心一つで状況の印象は一変する。分かり方だって百八十度転換しうるわけです。

まえにも申し上げましたが、人間の心は六道を次々に巡っています。仏教では通常、命の器が入れかわることを「輪廻」といいますが、こうした心の旅路もやはり「輪廻」でしょうね。優しくされれば自分も優しくなれるし、叩かれれば修羅にもなる。だから自分という存在は幅広すぎて捉えようがない。しかしそうは言っても人間には習慣によって出やすい部分がある。それをその人の人格だとか性格だと思いこんでいるんですね。加賀千代《かがのちよ》女《じょ》の俳句ですが、

うつむくは　その掟なり　百合の花

っていうわけです。人間にもそうしたアイデンティティーがあると思いこんでいる。

確かに習慣によって習い性になると、それが自分だと思うほどに確固としてくる。あの人は怒りっぽい、あの人は誰にでも優しい、じゃあ自分はどうか、と分析してみたくなる。しかし、分析は他人に任せておけばいいんですよ。他人はいつだって自分の一部分を分断して「分かった」と思いたいわけですから。だけど自分くらいは、自分の中の無限の可能性を信じていたほうが楽しいじゃないですか。だから自分のことはとことん分からないと思ってたらいいんじゃないでしょうか?

自分を変えるんじゃなく、新しいことを始めよう

よく自分を変えるとか言って意気込む方がありますが、変えるためにはそれまでの自分を歴史的に纏めて認識しなきゃいけない。窮屈な物語にまず塡《は》めこまなきゃいけないわけです。だから変えようなんて思わないで、新しいことを何か始めればいいんです。そうすれば自然に人は変わります。

移りゆく　影とどめずば流れ川　心の水のいかで濁らむ

ってね。だから変わり続けるのが自然だし健康なんですよね。

ただ人間は、それだけじゃ生きていけないことも確かです。一貫性っていうのは無理に被せるものですけど、それはどうしても自由すぎる心じゃ生きづらいからです。

西洋ではパーソナリティーなんていうもので「個性」を捉えますが、あれも元々は「ペルソナ」、つまり「仮面」ですよね。仮面をつけないで生きていけたら息苦しくないですが、どうも何もつけないと剝《む》きだしで危険らしい。それでやはり何らかの仮面が要求され

るわけですね。だって、パーソナリティー（人格）が必要だということは、そういうことですよね。

東洋では、「志」っていうものを設定して心を不自由にし、そして無指向性の心に方向付けをするんですね。「こころざし」っていうのは心を刺して不自由にするのか、あるいは心の指す方向を指定することなのか、いずれにしても本来の心を少し不自由にしてやることです。不思議なことに、人間はある程度の不自由のなかでしか自由というものを感じないらしいんですね。仮面もあったほうが生きやすいんでしょう。

方向性だけ意志的に定めて、しかも新しいことにどんどん挑戦していく。それだけでいいんじゃないでしょうか？　だからまあ、志の持ち方ですね、問題は。

あまり「正しさ」を目指さないことですね。「正しさ」というのは、人を苦しめるだけですし、自分も結局苦しくなります。何が正しいか分からないと思い定めて、むしろ「楽しさ」を目指してみては如何でしょうか。

新しいことをどんどんやって、しかもそれを楽しんでいく。「自分自身と向き合う」なんて言っていないで、そうしたほうがいいと思いますよ。人間、死ぬときにようやく「自分自身」が定まるんじゃないでしょうか。

# 四　体は言葉に従うというセオリー

## 体に潜む、言葉への信仰

身体と言葉といっても、俄《にわ》かには繋《つな》がらないと思いますが、ちょっとこの辺で分かったようで分からないこの身体のことを考えてみたいと思います。

例えば眼ですが、日本人には、虹が七色に見えます。これは何処の国でもそうかというと、どうもそうではない。オランダあたりでは五色くらいしか識別しないそうです。ところでこれは、オランダ人よりも日本人が眼がいいのでしょうか。

そうではないんですね。五色に見るか七色に見るかというのは、実はどんな教育を受けたか、どんな文化のなかで育ったか、という問題に過ぎません。日本には世界で一番色の名前が多くあるらしいですが、別な名前があれば我々は区別して考えるんですね。茶色とか灰色なんかの種類も凄いですよね、日本は。

まあ、別に色のことを言いたいわけじゃないんですが、つまり感情もじつはそうだと云うことですね。

例えば「はにかみ」というかなり微妙な言葉がありますが、大袈裟に言えばこの「はにかみ」という言葉が出来てから、私たちははにかむようになったんです。それ以前は、例えば「恥ずかしさ」とか「照れ」とかはあったかもしれませんが、その一部である「はにかみ」を独立した感情として区別しなかったわけですね。

あらゆる言語表現、あるいはそうした秩序やまとまりをもたされたものを「ロゴス」と言います。新約聖書には「初めにロゴスありき」と書かれていますが、一方東洋では初めはカオス（渾沌）だと考えます。渾沌から全てが生まれてきたと考えるわけですね。どちらが正しいのか、という問題と思わないでください。どの時点を「初め」と考えるかで、両方あり得るわけです。

我々の身体も、宇宙と同じようにカオスだと見ることもできます。最近はカオス系の物理学なんてのもありますよね。しかし宇宙に対して、やはりちゃんと秩序だっているはずだ、という考え方が宇宙物理学を進めてきたわけです。

遺伝子についてもそうです。あれも、その秩序を信じる人々によって解読が進められているわけですが、遺伝子なんてすでにカオスじゃないか、という見方もできるわけです。身体のこともそうなんですね。カオスと考えれば手の打ちようがないかもしれませんが、ある種の秩序と考えると、かなりコントロールが利《き》く、ということが分かってきます。私たちはもしかすると身体の奥深くに、すでに表現されてしまったあらゆる「言葉への信仰」めいたものを持ってるのかもしれないと思うんです。あるいは「合理性への信仰」かもしれませんね。

体が受けたことを合理化するために言葉が探されますし、逆に言葉を吐いてしまうとそれを実現すべく体が変化してくる。妙な喩《たと》えかもしれませんが、この両者の関係はお年寄りと杖みたいなものかもしれません。どちらも独りでは立っていられないから支え合ってる。

しかも自分の声というのは一番言うことを聞きやすいらしい。たぶん暗示効果もあるんでしょうね。だからお風呂《ふろ》に入ったときなど、自分で呟いてみるんです。「ああ、一日の疲れが、すっかり抜けちゃったわ」って、現在完了形で言うんですよ。自分の声がそう言ってるわけですから、体のほうも、「あらっ、もしかしたらそうなのかな」って、疲れが抜けた状態を作ろうとするんですよ。ホントですよ。今度是非やってみてください。私はこれを、体に潜む、言葉への信仰の力だと思ってます。

## 体が言うことを聞く言葉とは？

しかしどんな言葉でもいいかというと、そうでもないんですね。

例えば「がんばろう」っていう言葉がありますね。ガンバルというと、なんだか体に力が入りませんか？　筋肉にぐっと力が入るみたいな感じがありますよね。ところが筋肉に力が入っちゃうと、実は力が発揮できないんですよ。だからこの言葉ではいけない。

あるいは「涼しくなろう」なんてのはどうでしょう？

だいたいこの「なろう」という語尾が、すでに「涼しさ」を指向してないんですね。「熱くなろう」なら解りますが。「なろう」っていうとどうしても身構えて力む。それは「涼しさ」から遠ざかる方向なんですよ。

だから語尾は、やはり現在完了形でないといけません。「ああ、涼しくなっちゃった」ですね。

じゃあ例えば寒くて体を温かくしたいとき、「ああ、温かくなっちゃった」と言えば体が温まってくるでしょうか。これまでの理屈で言えば、温まってもよさそうですが、この言葉では効率が悪いんですね。つまり、温かさというのは体に直接働きかけるモティーフとしては弱いんです。

そこでちょっと分析しますけど、温かいということは、毛細血管が開いてるってことですよね。それで毛細血管が開くと、実は体が重く感じられます。この重さというのが、実は体が反応しやすい言葉なんですね。それで温かくなりたい、というときは、「ああ、右腕が重くなった。左腕が重くなっちゃった」って、言うんです。これだと大抵の人の腕が温まってきます。実際にはもっと丁寧に言いますよ。「ああ、右腕が重い。持ち上げようと思っても持ち上がらない。なんて重いんだろう」ってね。そうすると本当に不思議ですが、右腕はかなり温かくなってきます。体が言うことを聞きやすい言葉と、ほとんど反応しない言葉がありますから、そのあたりはよく考える必要がありますね。

心から使う我が身の手足さえ　思うようにはならぬ世の中

なんて歌われたりしてるんですが、やはり「心から」だけじゃ駄目で、テクニックが必要なんですね、心を伝えるためのテクニックが。言葉で体を導く、というのも、「楽」に至るための重要なテクニックです。

世の中には不思議なことを研究してる人がいるものですが、ある人が、太っている人に共通の口癖を発見したっていうんですね。それはどんなものかと言いますと、「これを食べなきゃ太らないのに、この一口が我慢できないのよね」とか、「寝る前の、この一口が太るもとなのよね」とか、「私って、水飲んでも太るのよ」って言いながら水を飲む。お菓子を食べる。そうやって期待をかけられると、寝る前の体も、おそらく期待に応えようとするんじゃないでしょうか？

その方はそういう共通の口癖を発見してから、口癖を変えてみましょうと人にも勧めたそうです。例えば「これを食べてもぜんぜん太らないのよ」って言いながら食べると、これは太らない。ところがある人が「だけど、ちっとも痩《や》せない」って文句言ったそうなんですね。それで今度は「食べても食べても痩せる一方なんですよ」って言いながら食べた。そしたらもうどんどん痩せていってこれが止まらない。このまま行くと死んじゃうっていうんで、また口癖を修正したそうです。「私って食べても食べても四十八キロなんです」って。

ホントですよ。信じていませんね。まあ信じないでも、始めてみれば解りますよ。

口癖の力って大きいですよ。だから、どうせなんかの口癖を言うなら、自分を「楽」の方へ連れていく口癖にしなくちゃいけないんです。

## お経は人を、どこに導くのか？

これまでの話は、言葉の意味、あるいはロジック（論理）が体をある状態に誘導するということでした。ところが言葉には意味だけじゃなくて音もある。と言うより、意味に関係なく音がもってる力というのもあるんですね。

たとえば「南無阿弥陀仏《なむあみだぶつ》」。何度も繰り返してると「ナンマイダブ」とか言いやすい音に変化しますけど、これを何度も何度も繰り返してると、不思議なことに「分かりました。受け容れましょう」っていう気分になってくるんですね。

そうかと思うと日蓮《にちれん》さんの発明した「南無妙法蓮華経《なむみょうほうれんげきょう》」。「ナンミョーホーレンゲキョウ」ってのを繰り返していると、これはまた全然別な気分になってくる。まあ、やってみると解りますが、「誰がなんと言おうと、私はやるもんね」という気分になるんですよ。

その分析はうまくできませんが、インドにはそうした音の持つ力に着目する考え方があったんですね。空海《くうかい》さんの真言宗の真言ですね。インドではマントラと言ったわけですが、言葉の音や響きそのものに力が宿ると考えたわけです。詳しく学びたいという方には空海さんの『声字実相義《しょうじじっそうぎ》』という本があります。

いわゆる「ダーラニー（陀羅尼）」と呼ばれるお経は、そうしてインドで考えられたお経の音を変えず、ということは翻訳せずにそのまま伝わったものなんですが、不思議ですよ。よんでみるととてもよみやすいですし、気持ちもなんだか落ち着いてくる。よくよく分析してみると、「い」とか「え」という音にアクセントがかかるケースが非常に少ないんですよ。つまり「あ」「う」「お」という母音が中心になってダーラニーはできてるんです。「あ〜」って長く発声してみると分かりますが、「あ〜」って言ってるとなんだか明るい気分になってきます。ところが「い〜」って発声するとだんだんムカムカしてくるんですね。「い」は怒りを誘い、「え」は猜疑心を誘う。つまり疑う心ですね。それから「う」は思考を促すし、「お」は目に見えないものを信じる力を養う偉大な音だって言われてるんです。そしてインドの人たちはそのことに意識的だった。だからダーラニーは、全体として「あ」「う」「お」が中心ですし、「い」とか「え」が入る場合でも、演歌みたいにそこにストレス（強勢、アクセント）が来るようにはできてないんです。凄いですよねえ。

おんかーかーかびさんまーえいそわか

これは「地《じ》蔵《ぞう》真言」と言われるものですが、なんか大きな気分になってくるでしょ。

人間の体って、案外単純なんですよ。お経をよむと呼吸も長く深くなってくるでしょ。そうするとその体の状態に見合った気分しか芽生えないんですね。また詠み人知らずですが、

腹だちし時は此の世も後《のち》の世も　人をも身をも思わざりけり

っていうような時は、もうお経をよむのが一番です。なにもお経じゃなくても、暗記してる長い音ならいいんですが、ここまで考えられた音の配列は、おそらく他にないでしょうね。

声を出してると外の音が聞こえないと思うかもしれませんが、暗記してるお経をあげているときほど外の音が聞こえる状態はないんですよ。全身が音をきっかけにして響きあってきて、外にも感応しやすくなるんでしょうね。ですから言葉の意味で体を特定の方向に誘導するだけじゃなくて、音が全身を響かせてまとめてくれるという面もあるんだと思います。

考えてみれば「響き」って、すごく大事ですよね。響きイコール、コミュニケーションと言ってもいいと思います。そして自分の体の内部でのコミュニケーションが生命そのも

のだし、それがうまくいってれば安らかな心身状況にあるわけですよね。また外とのコミュニケーションもやはり「響きあい」だと思いますよね。私とあなたが共振して響き合うという状況こそ、「慈悲」が発現してるってことじゃないでしょうか。「慈悲」というのも、だからこむずかしい精神的なものじゃなくて、体と心がもっとも安楽な状況の呼び名なんじゃないでしょうか。

## 五　二者択一で迷ったら

### 突破口としての「一」を自覚する

　坐禅でもそうですが、意識を何か一つに集中していくと自分自身の統一感を感じます。集中するのは例えば呼吸だったり、あるいは「犬には仏性《ぶっしょう》があるか」というような非合理な問題だったりするわけです。これはおそらく、人間の本能的な部分なんでしょうね。つまり二つのことに同時に意識を集中することは難しい、ということですね。本当はそれも、熟練すればできるようになるんですが……。

　その、とりあえず一つに絞れば強い力が発揮できるという考え方を、行動の美学として採用しているのが「二者択一」という考え方じゃないでしょうか。儒教、あるいは武士道が、この考え方を推し進めたような気がします。私も子供の頃から剣道をやっていたんですが、「逡巡《しゅんじゅん》する」ということが極度に嫌われた覚えがあります。迷ってもとにかく「エイヤッ」と決断する。決断したらそれを命がけでやり遂げる、という考えが、美学としてあるんじゃないでしょうか？

ところが我々は、本当のことといえばいろんなことで迷う。

決断するということは、ある価値観に照らして二つのうちどちらが有効かを選ぶことです。この価値観というのが、例えば儒教や武士道の場合はある程度はっきりした基準があります。「仁・義・礼・智・信」という「五徳」であったり、またもっと大きく云えば「公《おおやけ》」というものに奉仕し、その営みに障害を与えないこと。武士道の場合はそこに「勝つ」ということも加わってきます。

ある意味で、人はある種の秩序を守ろうという側面を、「一」を選ぶことで実現しているのかもしれません。「あれも、これも」では周りも困るし、だいいち自分自身をまとめようがない。たぶん誰でも、自分や他人を手っ取り早くまとめたいんだと思います。「分かりたい」ということですね。

しかし他人から「あなたのことはよく分かったわ」と云われればある種の不愉快を感じるように、人は自分でも分からないものをたくさん抱えています。自分でも分からないのに、他人に分かってたまるか、という気分が頭を擡《もた》げるわけです。

物理学の最先端では、物質の成り立ちとして「相補性《そうほせい》」ということが指摘されています。つまりクオークには「反クオーク」があるし、すべての粒子には「反粒子」があり、もっと言えば物質に対して「反物質」というものが措定《そてい》されるんですね。これは質量がマイナスになりますから実感しにくいですが、とにかくそうした正反対の性質のものが「ひも状」に合わさってエネルギーを生んでるということです。これは中国の陰陽《いんよう》の考え方、韓国の国旗にあるうねり合った「太極図《たいきょくず》」そのものですよね。

だからたぶん人間も、内側に抱えた矛盾や非合理こそが、エネルギーを生んでるんじゃないかと思いますね。

しかし現実にはどちらか選ばないと先に進めない。だからどちらかを選ぶ。そして自分の内部の迷いも含めたエネルギーをその一つに注ぎ込んでいく。これは方便ですよね。現実に自分というよく分からない存在を、どうにか自己実現するための方法論として、とりあえず一つの突破口を作っているわけです。突破口は一つのほうがいい。しかし、方便として、という部分に自覚的であることが必要だと思いますね。

## 「大きな悩み」と「小さな悩み」に二分する

小林一茶《いっさ》の句に次のようなものがあります。

蔵売って　日当たりのよき　牡丹《ぼたん》かな

非常に分かりやすい句ですが、これはたぶん、それまで蔵を建て、その中身を充実させることに一所懸命生きてきた人が、全く別な価値観を手に入れたんですね。蔵なんか何の意味があったのか、と。それで誰かに売って移築してもらったんでしょうね。すると今まで日陰だった牡丹に陽が射して一段と美しいじゃないか、ということでしょう。

これは大きな迷いのあとの、大きな決断ですよね。ちょうど今の日本が、明治以来の「殖産興業」を見直すのと同じくらい大きな転換だと思います。しかしなかなかここまではできないのが普通です。

人は今までと違う価値観に触れたからこそ迷う。それはある意味で、豊かなことですよね。人はそれぞれ違った価値観で生きてるわけですが、他人の価値観に真剣に触れてみれば、必ず迷いが生まれるものだと思います。

何が人生に大切なのか、その考え方は一通りではないわけですから、複数の価値観の間で迷うことは成熟するために必要なんじゃないでしょうか？

ただ、一つの価値観の中だけで迷っていることも多いですよね。「どっちが得か、よく分からない」って。そういう場合はもう勢いで決めちゃうことですね。迷うようなら大差はないってことです。今晩のおかずはサンマがいいか牛肉がいいか、とかね。あるいはあの子がいいかこの子がいいか……。

つまり迷いについては、「大きな迷い」と「小さな迷い」に分けて考えたほうが良さそうですね。違った価値観の間で悩むことは「大きな迷い」ということで。

まあ恋人とか配偶者となると、これは随分大きな悩みのようですけど、これも一つの価値観の中でなら大したことはない。だけどこの迷いが、時として人生観に関わる大きな悩みになっちゃうこともあるんですよね。その時はもう、迷って悩んで苦しむしかないんじゃないですかねえ。

最後はさまざまなご縁でなるようになるもんだと思いますよ。真面目に人生考えりゃ必ず迷うもんだと思って、「大きな悩み」は悩むしかないでしょう。禅の世界でも人生を考える上での本質的な疑問を「大疑団《だいぎだん》」って言いましてね、その大きな疑問から全てが始まるって考えるんですよ。それに迸《ほとばし》るような意欲「大噴志《だいふんし》」で向かってこそ大いなる悟り「大悟《たいご》」が得られるってね。

## 二者択二という方法

私は僧侶になるか小説を書いていくか、随分悩んだ時期があるんですよ。だから普通の坊さんが修行に行くよりも随分遅れて行ったんです。

修行に行く決心をしたのは、小説を書くことを諦めたのか、というと、これがそうではなかったんです。私が師事していた星清先生という方は、西洋哲学からやがて東洋の禅研究をされたんですが、この先生があるとき仰《おつしや》ったんですよ。「そんなに悩むなら、両方やってみたら？」って。「君ならきっとできるよ」って仰ってくださったんです。それで地平が展《ひら》けたというか、楽になって、修行に行くことにしたんです。

あとで知りましたけど、中国の『荘子《そうじ》』という本には、「両行《りようこう》」という考え方があるんですね。ふたつながら行われる。その場合は矛盾するふたつなんですけど、たぶんそうした矛盾を抱え込んで渾沌としてるのが人生なんでしょうね。しかもその渾沌がエネルギーを生んでいく。ちょっと難しいですけど、例えば生と死は反対の概念ですけど、死を抱え込むことで生は充実するのかもしれないですよね。だから嫌だと思うことも、たぶんある程度は生きていくエネルギーを生むのに必要なんじゃないでしょうか？

私たちの社会には知らないうちに儒教的な規範が忍び込んでますから、どうしても「一途」が褒められる。それに普通は、そのほうが楽ですよね。一つに絞ったほうが。

千成《せんな》りや　蔓《つる》一筋の心より

っていうわけです。一筋の努力がやがて無数の実を結ぶ、と考えるわけです。

しかし「諸行無常」ですから、人の気持ちは変わるんですね。その場合、変わった心のほうを無視して、立てた「志」を優先するということも多いだろうと思うんです。しかしその場は繕《つくろ》えたとしても、そういうのはやがて綻《ほころ》びると思いますね。だから修正したらいいんです、遠慮なく。

よく「男に二言《にごん》はない」なんて念を押したりしますが、いいんじゃないでしょうか、二言とか三言があっても。

まあ結局いろんな因縁で状況が変化して、その時その場での気持ちの変化を確認しながら進むというのは大事なことじゃないでしょうか？　美しくはないかもしれませんけどね。

それに、縁があればですけど、二兎を追って一兎も得られない場合でも、十兎くらい追えばなんとかなるかもしれませんし、虻蜂《あぶはちと》獲らずって言いますけど、私の虻と蜂つまり小説と仏道なんかですと、たまたま同じ場所で休憩してたんでしょうねえ。そしたら一網打《いちもうだ》尽《じん》ですよね。

なんて無節操な、と思われるかもしれませんが、自分を「一筋」に纏めていくことがどだい無理な話なんですから、融通無碍《ゆうずうむげ》に考えたほうがいいと思いますね。

二兎を追ったり、虻蜂をいっぺんに追いかけたりするのは、確かにエネルギーが要ります。十兎となれば尚更ですよね。しかしそれでも、そうしたほうが精神衛生上よろしいということはあるだろうと思うんです。二ついっぺんにはエネルギーを集中できませんから順番はあるにしても、もう一つのほうも諦めないでいると、やがてとんでもない大きな花になるかもしれないじゃないですか？　まあ、苦しい時間ですからあまり勧められませんけどね。

二つを追うことが非常に反社会的である、という場合もありますね。例えば恋人とか。そういう場合はもう「かねあい」っていうことだと思いますね。反社会的である選択をしても個の安定が得られるのであれば、「二者択二」という選択肢もあり得るんでしょうが、しかしそのプレッシャーに耐えられそうもなければやはり「択一」すべきでしょうね。個が安定しているということが社会的にも望ましいわけです。安定してない個は何をしでかすか分かりませんでしょう。

要は創造性（クリエイティヴィティー）をどこで発揮するか、という問題だと私は思ってます。つまり、疑問に思うかもしれませんが、創造性というのは常に反社会的である可能性を秘めてると思うんですね。ですから、例えば小説書くことに創造性を使っても問題は起こりにくいですが、現実の人間関係、わけても男女関係をテーマにして創造性を発揮しすぎると、どうしたってそれは反社会的になりますし、危ない関係にもなるでしょう。だってそのほうが創造的刺激が多いでしょうから。

ただ、人間関係にそんなに創造性を使ってたら、ほかに廻せなくなりますよね。そういう問題じゃないでしょうか？　おそらく二者択二という道は、男女関係に限らず、非常にエネルギーを使うでしょうし創造性を刺激するはずです。ただ問題は、生活のどの部分にそういう方法論を採り入れるか、ということじゃないでしょうか。

「択一」という生き方が「正しさ」とか「美しさ」をめざしているのに対し、「択二」や「択三」はおそらく「楽しさ」をめざしている。これも人によって一概には言えませんが、迷うような選択肢は、いずれおくればせにでも実現されたほうがきっと楽しい人生になると思うんです。人生はけっこう長いですから、そんなに急いで切り捨てることはない。「一」を選ぶのは、あくまでも方便と思いたいもんですね。

## 六　反省するより輝くことが大切

### 大事な、反省したフリ

おそらく反省する、というのは、『論語』あたりから出てる考え方だと思うんですよ。「君子は日に三省《さんせい》す」って言いますよね。これはまあ、自分の行いがどういう意味合いをもっているのか、よくよく考えて行動するということでしょうから、別に悪いことじゃない。ああも受けとれる、こうも考えられると検証することは必要なことでしょう。

しかし現実には、人から「反省しなさい」なんて使われる。自分の信念に従って行動しても、それが上に立つ人の価値観に適《かな》っていない場合、「反省しなさい」ってことになりますよね。そんなとき人はどうするかっていうと、反省したフリをするんですね。

だって反省の仕方って分かりますか？　おそらく自分の信念でしたことなら、強風が吹きすぎるのをただ頭を下げて待つだけで、風が止めばまた頭を上げるだけでしょ。

自分が心の底からそう信じてしたことでも、歓迎されない場合というのはあるわけです。孔子《こうし》という人は、ある意味で「公《おおやけ》」というものを追究した人ですから、多数派あるいは常識と云われる価値観と絶えず摺り合わせることを大事だと考えていたんじゃないでしょうか。

『孟子《もうし》』にはこんな言葉があります。

天下の広居《こうきょ》に居り
天下の正位に立ち
天下の大道を行く
志を得れば民と之に由《よ》り
志を得ざれば独り其《そ》の道を行く

誰はばかることもない大道を歩んでいると自覚していても、それが認めてもらえない場合、独り其の道を行くしかないんだ、ということでしょうね。まあ、なかなかこれが大道だなんて自信はもてないかもしれませんが、しかし人は自分の信じる道を歩むことに全力を注ぐしかない。

「反省しなさい」と言ってくる人というのは、自分の価値観に他人を従わせようとしてるわけですよね。そのことが、だいたい余計なことじゃないですか？　他人を自分の価値観に従わせるなんて、どだい無理なことです。

ただ「公」というか、みんなの共通利益を尊重すべき場というのは確かにありますから、「反省したフリ」というのは大事なことだと思います。

それから、この人を怒らせてしまった、ということは反省してもいいと思います。人を怒らせると自己実現しにくくなりますからね、著しく。

## 他人を変えるより自分が変わるほうがラク

自分と違う考え方に囲まれて生きているのが人生なわけですけど、これが楽しみにならなきゃいけないのに苦しみになることが多いんですね。どうしてか、というと、やはり相手を変えてやろうと思うからだと思います。

しかしこれは、膨大な努力を要するだけじゃなくて、殆んど無駄な努力だと思いますね。だいいち自分の価値観に従わせ、相手を変えたとしても、その人は私とだけつきあっているわけじゃないですよね。つまり、その変化が全体としては喜ばしいものかどうかさえ、じつのところ判らない。ただ自分の部下として働いてくれるために便利になっただけなのかもしれないじゃないですか。だから、自分が説教して反省させてある方向に仕向けたとしても、それによって相手の魅力が増したかどうか、それが問題です。

私の知っている会社で、全く考え方やタイプの違う二人を対等の立場にして、二つのチームの責任者という感じで競わせているところがあるんですが、その社長の度量にはとても学ばされますね。その二人も、お互い異能を認める雰囲気になりますし、なにより会社としての総合力もそれによって格段に伸びたそうです。

自分を一色に染めることは場合によっては必要になってきますが、会社とか組織は、ときにはきちっと序列に収めるよりそれを壊してみたほうが活性化することが多いと思います。

社長なんていう立場になると、やはり部下を自分色に染めたいと思うのかもしれませんが、そんな無駄な努力にエネルギーを使うより、自分がその相手の在り方を受け容れられるように変化するほうが手っ取り早いし、きっと楽しいんじゃないでしょうか？

手を拍《う》てば　鯉は寄り来る鹿は逃ぐ　下女は茶をくむ　猿沢の池

ってね。同じことをしてもそれほど受け取り方は様々なわけですし、それがこの娑婆《しゃば》の面白さでしょ。みんな同じように考えるんじゃ気持ち悪いし他人と話す楽しみもないじゃないですか。

それを「みんないろいろで面白いなあ」と楽しめるように自分を変化させることが大事なんじゃないでしょうか。まえにもお話ししたように、みんな自分が一番可愛い。此の世で一番可愛いのは自分だし一番痛いのも自分です。だから、相手もそう思っていることを尊重するためには、たとえ自分と価値観が違っていても怒っちゃダメです。

聖徳太子も「十七条憲法」の第十条で仰《おっしゃ》ってます。

人の違《たが》うをいからざれ。人みな心あり。

って。

## 天から見ると、その時その時でみんな完全

よく、「君はまだ若いから解らないかもしれない」とか、「経験してみないと、これは解らない」なんて、年齢や経験をひけらかして話す人がいますけど、どうも私たちは「今は不完全だけど、いつか完全になるために努力する」という考え方が染みついてるんですね。学校でも職場でも、そうでしょ。努力して頑張って、あるところに到達しようとする。そういう価値観から、マイナスのことを反省したりさせたりするんじゃないですか。

しかしそれなら、いつ完成するんですか？　いくつになったら完全なんですか？　あの人はもう年とりすぎて呆けてきたんじゃないか、なんて言われたら、いつが一番イイんですか？

やはりみんな、現在すでに完全なんだと思いますよ。ある特定の価値観から見てじゃありません。天から見て、ですから納得しにくいと思いますけど。

みんな本当は完全なのにその完全さが出てこない。試《ため》しにでいいですからそう思ってみてほしいんです。そしてどういう状況ならそれが出てくるのか、と。完全さというのは輝きと言ってもいいと思います。その人がパッと輝いて見えるのはどんな時か、ということ

です。これは仮説かもしれませんが、私は笑いの中で出せる自分ほど幅広くて輝かしいものはないんじゃないか、と思ってるんです。

たとえば職場で仕事の話しかできない、なんてのは、酷い職場だと思いますよ。人間はもっとトータルな存在だし、そのトータルさが出せる場であってほしいですよね、職場も学校も。

たしかにどんな場所にも、あいつは本当に困った奴だってのがいるもんだと思います。人が嫌がるようなことをワザとしたり、っていう人もいるかもしれません。そんな人に説教して反省を促すのはあたりまえと考えるかもしれませんが、その人をよーく観察してみてほしいんです。

先ず、その人は滅多に笑わないんじゃないですか？

どうして笑えないのか？　たぶんその人の話が、ちゃんと聴かれていないんじゃないでしょうか？

「聴く」というのはとても難しいことですよね。案外、人は他人の話を聴いていない。聴かれないことが習慣化すると、ちょっとした言葉にも敏感になって、話すのを止めてしまいます。「そんなこと、あたりまえじゃないの」とか、「あっ、それ誰かも言ってた」とか、「だから何なの？」とか、「あなた、以前にも同じこと言ってた」とか、何気なく言っているつもりでしょうが、そうした言葉はピタリと彼らの口を閉ざしてしまいます。

あとでまたお話ししたいと思いますが、誰もが完全であるのに、人は「聴かれない」ということだけで自らの完全さを忘れます。その時その時で完全な自分というのは、ちゃんと聴かれる状況で、しかも笑える状況で、初めて実現するんじゃないかと思います。

反省なんかするより、聴いたらいいんです。聴かれるためには、自分が聴くことですね。それでも相手が「反省しなさい」って言うんなら、まあ、聴いたフリするしか、ないですかね。

これは道元禅師《どうげんぜんし》の歌を本歌取《ほんかど》りしたものですが、本歌では「婆《ばば》の舌頭《ぜっとう》」じゃなくて「軒の玉水」になってます。

聞くままに　又心なき身にしあれば　己なりけり　婆の舌頭

そんな心境になったら凄いですけどね。口うるさく自分を罵《のの》っているお婆さんの言葉を心素直に聞いていたら、それはまさに自分の姿だと解ったと云うんですね。これはお婆さんの話す内容が、というより、その口汚い姿が、ということでしょうね。

まあ、そういう気づきは革命的なことですけど、普通はやはり反省なんかしなくていいように自分の信念に従って行動することですね。そして他人が生半可なこと言ってきても、反省するフリで乗り切る。反省すると「氣」が衰えますから、それを衰えさせないままに方向性をちょっと変えるだけでいいんだと思いますよ。要は生命力というか、命がいきいきと輝くことが大切なんだと思います。「安楽」というのも、萎縮した状態ではないはずです。

# 七　聴くことの功徳

## 仏教では「聴く」能力だけで六道を越えられる

先程、「聴く」ことはとても難しいし、人は他人の話を聴いてないんだ、という話をしました。まあ、不思議に思う方もいらっしゃると思いますが、仏教では「聴く」ことの能力だけで六道を越えるんだと規定しています。六道とはつまり地獄《じごく》・餓鬼《がき》・畜生《ちくしょう》・修羅《しゅら》・人間《じんかん》・天《てん》ですけど、更にその上がありまして、どんなに悪い癖があろうと「聴く」ことに長《た》けていれば「声聞《しょうもん》」という位になります。また聞くことに限らず、他の五感からの刺激で物事の本質を覚《さと》るのが「縁覚《えんがく》」ですね。更に「菩薩《ぼさつ》」「仏《ぶつ》」を合わせて「十界《じっかい》」と云うんです。ともかく六道を越える状態は、「聴く」ことによってもたらされるわけですね。「聴く」ことがそんなに難しいだろうか、と思われるかもしれません。しかし普段私たちは、「ありのまま」に物を見たり聞いたりなんてしていないんです。音の大きさを表す「ホーン」という単位がありますが、ホーン数の大きい音から聞いているかというとそんなことはない。聴きたいと思う音を選んで聴いているわけです。目のほうも同じですね。見たい物だけを見てますから、同じ場面を見ても人の記憶はみな違ってきます。

別な言い方をすれば、人は記憶するために大部分を切り捨てているのかもしれないですね。全体というのは決して記憶されませんから。聞こえてくる音も、見えている物も、自分の中に自然にできた序列に従います。ですから何かに集中していれば大きな音でも気にならないということが起こってきます。これはおそらく、唯識《ゆいしき》で謂《い》う「マナ（末那）識」の働き、自己愛のなせるわざだろうと思います。これはマナス（＝意）という言葉からきてまして、唯識ではアーラヤ（阿頼耶）識よりもちょっと浅い処にある潜在意識と考えられているんですが、これが五感から入る情報をすでに自分の都合のいいように歪めているとされるんですね。

ですから例えば耳に入ってきた音や言葉は、素直に聴いているのかというと、どうもこれがそうでもないんですね。つまり人は、ヘタすると聴いたことに対する自分の頭の中の批評を聴いていたりする。

すぐに言い返したり、話し終わるまえに「解った」なんて言ってみたり。あるいは勝手に「要するに」なんてまとめようとしたり、ですね。聴くという時間も惜しんで自己主張しているフシがあります。

本人も気づかずに言っていることが多いとは思いますが、私たちはけっこう「もう聴きません」という態度をとってますよね。

「誰それさんも同じこと言ってた」

「そんなこと、みんな知ってるよ」

「いつも同じこと言うね」

「つまり、……ということね」

「君は○○な人だね」

こんなのは皆そうですね。「私は聴かれていない」という気分を相手にもたらします。あと無視、というのもありますね。完全な沈黙で返す。こうした態度で、人は次第に寂しさとかイライラとか、慢性的な怒りさえ感じるようになります。ひとりよがりも、聴かれていないという体験の積み重ねで起きてくると思いますね。そうすると人はだんだん予防するようになる。「結局」とか「どうせ」とか「やっぱり」なんていう言葉を、自分で頻繁に言うようになるんですね。

聴くことは本当に難しい。だから仏教では耳が大きい、というだけで六道を越えさせるんですね。いわゆる羅漢《らかん》さまです。声聞・縁覚を併せて「羅漢さま」と呼ぶんですが、これは聴くことに優れていれば大概の悪癖は許してしまう、ということです。将棋好きとか酒好きとか、いろんな羅漢さんがいるでしょ。聴くことにさえ優れていれば、全てOKなんですね。

因みに羅漢さまの元になった「阿羅漢」つまり「アルハット」という言葉は、当初は「お悟りを開いた人」という意味だったんですね。しかし時代が下るにつれてお釈迦さま一人の立場が上昇し、アルハットという言葉の意味そのものが相対的に下降したんです。

## 聴かれることで、人はどうなるのか？

じゃあ「聴く」というのはどういうことか？

会話しながら、我々は次の自分の科白《せりふ》を考えていたり、あるいは相手の発言に対する批評を思い浮かべたりすることが多い。そんなことをせずにただ相手の言葉に耳を傾けるわけですが、これがけっこう難しい。大抵、途中で自分の価値判断を加えてしまいますね。しかもその結論は決まってます。自分が正しくて相手がおかしい、ということです。まず、そうした価値判断を放棄することですね。前提として、自分も相手も違った光を発して輝くわけですから、無駄な比較や批判をしない、と思ってみてはどうでしょう?

何事も　言うべきことは　なかりけり　問わで答うる松風の音

松風の音を聴くようなつもりで、というと奇妙ですが、とにかく素直に聴いてみるんです。

どうも私たちが受けてきた教育は、努力を重ねてだんだん完璧に近づいていく、という物語だった気がするんですよ。そして私たちは、他人よりも自分のほうが完璧に近いと思い込みやすい。そりゃあそうですよね、自分の勝手な価値観で見てるわけですから。しかし、それならいつ私たちは完全になるのか?

孔子によれば三十「而立《じりつ》」、四十にして「惑《まど》わず」、五十で「命《めい》を知って」、六十で「耳《じ》順《じゅん》」、どんなことを聞いても「なるほどね」と思えるようになる。それからすると、人の話が素直に聴けるようになるのは六十歳か、っていう感じですけど、それじゃ遅いでしょう。停年から間もなく離婚する夫婦が多いようですけど、それも長年「聴いてもらえなかった」という原因もあり得ると思うんですね。まもなく「古希《こき》」ですからもうあんまり生きられないわけだし、ボケというのもありますから、完全になる暇がない。そうじゃなくて、私たちは、今すでに完全なんですよ。だんだん完全に近づいていくという、同じ価値観から、人は例えば年齢とか経験というものを誤解しています。

「子供だからまだ分からない」

「そのうち分かるようになるよ」

「それをするのは、まだ早いな」

こういう科白は、自分が歩んできた歴史としては正しいかもしれませんが、他人との比較基準にはならないわけです。たしかに自分は、あれを経験して初めて分かり、三十歳になって初めて認識したということがあったとしても、他人が同じ経験で同じ認識をするとは限らないわけです。同じ経験から覚えることが個別的であるように、自分が三十過ぎて分かったことでも人によっては二十歳で分かっているかもしれない。五十歳になっても分からないかもしれないわけでしょ。しかも分かってるということが、エライのかどうかだって分からない。こうした言葉も、他人の言葉を聴きませんと表明する言葉なんですね。

ですから、自分も相手も、子供は子供で、お年寄りはお年寄りで、完全だと思うことです。そこから初めて、聴こうという態度が生まれてくるんだと思います。そして、聴かれることで、人は持ってる完全さ、人間としての輝きを取り戻すんじゃないでしょうか？

完全な自分を発揮できたら、それ以上の「楽」はないでしょう。

## 聴くとは、同じヴィジョンを共有すること

人はおそらく、黙ってたほうが完全なんです。だけど黙ってはいられない。コミュニケーションしたい。

その際言葉を使うわけですが、この言葉に乗せている意味がみんな違うわけです。だからよーく聴かないと、山と云ったって富士山のことか鳥海山《ちょうかいさん》のことか分からないですよね。聴くときは、相手が思い描いている映像や認識にできるだけ近づくことが大事だと思います。

別に自分のヴィジョンを捨てることはないわけです。ただ、それは留保して、一旦相手の認識に沿って見てみる。それだけのことでいいんですが、これがなかなかできないんですね。何より人は、実は知らないことを聴きたいんじゃない、ということがあります。自分がすでに知っていることを、他人の話から探してきて頷《うなず》いてるんですね。

本を読むような場合は、かなり知らないことばかりでも刺激がありますが、会話の場合にはあまり知らないことばかり出てくると不快になっちゃうようですね。「ああ、なるほ

ど」「そうだよね」というテンポで会話は進むわけです。そしてどんどん自分の思う姿に近づけちゃうんですね、いつのまにか。

たぶん、正しさを競っているからだと思うんですね。だから人の話が聴けない。それだけの余裕がないんです。自分も相手も完全なんだと思って、基本的に安心することですね。そうすれば聴けるようになると思います。

禅門では「家風《かふう》」と言いますが、修行したお山によって日常の立ち居振る舞いが少しずつ違うんです。例えば私がいた天龍《てんりゅう》寺《じ》では竹箒《たけぼうき》を垂直に使いますし、妙《みょう》心寺《しんじ》では寝せて使う。それぞれ叩かれながら覚えたことですが、一緒になればどちらも家風として認め合います。普通、長年叩かれながら覚えたことなんかは、正しさとして認識しがちですけど、それを家風として認め合う。これは難しいことなんですよね。

しかし相手の家風に耳を傾けてみると、これがそれなりに合理的で面白い。ここでもどちらが合理的か、なんて比較しないことですね。理《り》が違うわけですから。これも詠み人知らずで申し訳ないんですが、

春めくや　人それぞれの　伊勢まいり

っていうことですね。現象は同じでも内実は違うと思ったほうが豊かでしょ。

まあ相手の声を聴くことにかけて模範的なのは、私たちの体内の臓器でしょうね。五臓六腑がお互いに相手の声に耳を傾けている。脳だって連動してますし、手足だって、みんな自分の正しさなんて主張しない。ただ冷静に相手の様子を見て聞いて、完璧に対応しています。まさに響きあってる。同じヴィジョンを持とうとするとだんだん相手と響きあうようになるんですね。全身が響きあうのが健康というものでしょうし、相手と響きあうのがコミュニケーションなんでしょう。

まあ、あまり難しく考えないで、普段からコミュニケーションを未完に終わらせないということを先ず心がけたらどうでしょうか？

「お元気ですか？」

「別に」

これで会話が終わったら、なにか毒が残っちゃいますよね。

「お元気ですか？」

「ダメですね」

「みんなは楽しそうですよ」

「…………」

これもダメですね。未完です。だけど私たちの日常には、こうした未完のコミュニケーションが多すぎるんだと思います。それが積もり積もって悪さをする。ひがみ、イライラ、孤独を生んでいく。

母と子の会話なんか聴いてみればいいんですね。

「マンマ」

「うん、マンマだよ」

「ブーブー」

「あらァ、ブーブーだね」

なんの意味もないじゃないですか。しかしここでは完全に聴かれているし、完全なコミュニケーションが成り立ってるんですね。恋人どうしなんかもそうですよね。

「綺麗な夜空ね」

「うん、綺麗な夜空だね」

アホか、と思っちゃうような会話でも、何かが伝わりあってる。少なくとも、会話が正しさを競う勝負になってないでしょ。こうした単純な同語反復で、人はけっこう長年の聴かれなかった恨みから解放されたりするから不思議ですよね。そしてそれは、この世の極楽の体験でもあります。

# 八　笑いの力――桃的人生とは？

## 無邪気さが笑いにつながる

『老子《ろうし》』という本に、こういう言葉があります。

笑わざれば以《もっ》て道《みち》となすに足らず

道というのは『老子』にとって至上のもので、言葉で言えない最高の価値なんですが、それは思わず笑っちゃうようなものだって云うわけです。つまり一般の人々が理解して納得するように道を表現するのは難しいわけですが、聞いた一瞬は「あっはっは、そんな莫《ば》迦《か》な」と言って笑うようなことにこそ真理があるというんですね。逆に言えば、真理はあまり真面目なしかつめらしい顔つきでは現れない、というんでしょうか。ゲーテも、いかに聖なるものでも、それが説教という形で押しつけられるとき、自ら堕落していく、という意味合いのことを言ってます。

さきほども申しましたけど、私たちの人生がだんだん高まっていく、だんだん完成に近づいていくという見方に私たちは慣れているわけです。そこから「人格の完成」なんていうテーマも出てきたりする。

しかし一方で、無邪気さを無上のものと考える価値観もあります。これはご存じの方もあるかと思いますが、昔からよく知られている歌です。

幼子《おさなご》の　次第次第に智慧づきて　仏に遠く　なるぞ悲しき

私はよく梅と桃に喩《たと》えて話すんですが、日本人には古来梅の木のほうが人気があるんですね。風雪に耐えて、寒中に強い香りの花を咲かせる。しかも寒ければ寒いほど香りが強い、なんていうわけです。苦労がやがて開花するっていうことでしょうね。幹も、梅の場合はごつごつしててひん曲がっていたほうが良かったりするでしょう。松竹梅っていう組合せは江戸時代に完成したらしいですけど、梅そのものはもっと古くから、菅原道真《すがわらみちざね》公のときから珍重されていますね。武士道にもマッチして、儒教的精神が梅みたいに鍛えられてきた。剪定《せんてい》っていうのもそうですよね。いわば「公」という立場から見て要らない枝は切られていく。目指すのは立派な人格の完成だったわけです。

だけど、申し上げましたように「無邪気さ」こそ無上のものであるという見方もある。しかも梅のようにごつごつしてるんじゃなくて、桃みたいに枝がしなやかなほうがイイと云う。

桃の無邪気さといっても解りにくいと思いますから、ちょっと古典から紹介してみたいんですが、日本ではすでに『古事記』のなかに出てくるんですね。イザナミが死んでしまって、どうしてももう一度会いたいと思ったイザナギが黄泉《よみ》の国まで行くわけですが、腐乱した遺体を見られたイザナミは鬼になってイザナギを帰すまいとする。そしてどこまでも追いかけてきますが、最終的にはイザナギが桃の実を三個ぶつけて追い返すんです。

また平安時代の『延喜式《えんぎしき》』には、大晦日の「鬼やらい」（＝追儺《ついな》）に桃の弓を持ち、桃の杖を手にして鬼を追いかける、とあるんですね。どうも鬼には効果覿面《てきめん》なんです。『今昔物語』にも陰陽師《おんみようじ》に鬼が来ると言われ、桃の木を伐って玄関を塞ぐという話がありまず。しかしどうしてそんなに鬼に強いのか、と考えると、どうも無邪気さに触れて邪気が失せるという理由しか思いつかないんです。

『万葉集』のなかで、大伴家持《おおとものやかもち》が詠った次の歌が桃の歌の最初だと思うんですが、

春の苑《その》　紅《くれない》にほふ桃の花　下照る道に出で立つ娘子《おとめ》

また大伴池主が家持に送った手紙には「桃花瞼《まぶた》を照らして紅を分かち」とあります。どちらにしても、鮮やかな紅が瞼もそめて匂い立っている情景ですね。

中国では『詩経《しきょう》』ですでに「桃の夭夭《ようよう》たる」と詠われています。ここでは一点の陰りもない少女の生命力が桃に喩えて称えられるんです。大きい実、茂った葉、そういう様子をしたこの少女が嫁ぐ先は、きっと宜《よろ》しかろうって詠うんですよ。

やはりどうも、生き生きとした生命力、思わず染まってしまうような無邪気さの象徴なんですね。

鬼が来たときに鬼で対抗したんでは戦争になるしかないわけですが、鬼の邪気を奪ってしまうのが、この桃の無邪気なんですね。じっさい私の修行していた天龍寺の屋根の上には、鬼瓦だけじゃなくて桃の実を象《かたど》った瓦があるんです。この考え方には道教が色濃く影響していると思いますね。道教では不老長寿を得ることのできる桃というのがありましたし。桃太郎というのもやはりその思想の延長でできたんじゃないでしょうか。

最初に申し上げた老子は道教では神さまみたいに崇められてる方なんですが、老子は赤ちゃんの柔らかさ弱さが、結局は強いんだと言ってます。これが桃に象徴されていくんでしょうね。

「氣を専らにして柔を致《きわ》める」という言葉も『老子』にはありますが、つまり生命力としての氣が充溢しているからこそ柔らかいということでしょう。赤ちゃんの手なんか見てると強く握ってるのに腕は柔らかいでしょ。大人がきつく手を握ったらああはいきませんよね。全身が固くなる。

まあしかし、そのことに気づくのはある程度年齢がいってからでしょうし、固くなってから柔らかさの大切さに気づくんでしょうね。『老子』というのは、孔子に対するアンチテーゼとして提出されたわけですから、儒教的素養の苦しさを補うものなのかもしれません。

両方あったほうがイイんだと思いますよ。さっきの言い方で言えば、進歩するという考えと、すでに完全なんだ、という見方ですね。

若いときから笑ってばかりいたら気持ち悪いじゃないですか。しかしある程度の年齢になったら、むしろ無邪気さを大事にしたいですね。無邪気さは、そのまま笑いに繋がります。「邪気」がないわけですから、考えてみれば大変なことですよね、無邪気って。最後に道元禅師の歌を一つ。

春風に綻びにけり桃の花　枝葉に残る疑いもなし

自分の全体が完全に咲ききっている。こんな極楽はありませんね。

## 苦労は報われるか？

梅というのは「苦労が報われる」という考え方で愛《め》でられる、と申しました。じゃあ、苦労っていうのは、本当に報われるんでしょうか？

頑張ればいつか報われるって、案外みんなそう思ってませんか？　しかし頑張っても、試験に落ちる人はいるし恋に破れる人もいる。逆に考えれば解りやすいかもしれないですね。例えば地震で家が潰れて死んじゃった人と、なんとか助かった人を比べた場合、助かった人のほうが行いが良かったんでしょうか？　洪水で死んじゃう人はなにか悪いことしてたんでしょうか？

因果《いんが》というのは確かにあります。善因善果、悪因悪果というのも、間違ってはいないと思います。しかし善悪というのは基本的に人間の尺度ですから、どんな人間にも共通じゃありませんし、時代によっても変わります。だから、誰にでも分かる形で因果が見えると思うのは浅はかだと思います。しかも因果律が覆う時間や空間は無限と思ったほうがいいですから、ある原因による結果が自分の一生のうちに起こるとも限りませんし、自分が体験できる場所で起こるとも限らない。

だから、因果一如《いちにょ》と思ったほうがいいんです。

別な言葉で言えば「修証一等《しゅしょういっとう》」、つまり、今行っていることの結果は、今受けるべきだということです。因も果も今一緒にある。修行も、その結果期待される証《あかし》（悟り）も、修行そのものにある、という考え方です。将来のために我慢して今を過ごしていたら、そのまま地震で死んじゃうかもしれないでしょ。だから今していることの功徳《くどく》は今味わうんですね。今という時間を最大限に楽しむということでしょう。それははっきりと、梅のように苦労の結果を将来に期待する生き方への拒絶です。つまり過去や未来を離れた今に生きることですから、邪気が宿ることもない。そこから、無邪気さというのも出てくるわけです。それが桃的人生。梅は、いつか香りの強い花を咲かせてやると思いながら寒さを忍んでいる我慢の人生かもしれません。

百パーセント「今」に生きることこそ桃的人生であり、極楽なんですね。

## 笑いに宿る「桃の霊力」

先ほど大伴家持の歌とか『古事記』、それから追儺や桃太郎のお話も申し上げました。道教の影響だろうということも書きました。そういえば陶淵明《とうえんめい》が描いた「桃源郷」も桃畑の先にありましたね。

これは、此の世で最も強いのは「無邪気さ」だという考え方ですね。道教では、修行するときに自分の五歳のときの写真を大きく拡大して壁に貼ったりする一派があります。五歳というのが、人間の理想だというわけです。無邪気さをかなり残しつつ論理的思考もできるようになるっていう歳なんでしょうかねえ。はっきりとその根拠を聞いたことはないんですが。妙な喩えかもしれませんが、例えばなにか問題が起こったとします。ああでもない、こうでもないと、みんなで対策を考えるのは普通のことですが、「気にしないことにしようよ」という手もありますよね。しかしこの場合、本当は気になっているわけですからまだ弱い。一番強いのは、「え、なにが問題なの？」と言う人です。つまり「気にならない」ということ。

あるいは何か悪いことをしようと思ったとき、それを止めさせる力を持っているのは親の説得でも教師の訓戒でもなくて、無邪気に遊ぶ子供の笑顔だったりするわけですね。あるいは無垢と言ってもいい。無邪気さとか、無条件に自分を信じてくる相手というのは凄い力をもってると思いますよ。禅では「瞋拳《しんけん》も笑面を打せず」と云います。こちらの勝手な都合で怒ってふりあげたこぶしも、自分を信じて無邪気に笑う顔にはふりおろせない、ということです。

極楽へ　行かんと思う心こそ　地獄へ堕つる　初めなりけれ

なんていう歌もありますが、無意識であることの清らかさと云うんでしょうか、つまり目指したらすでに極楽じゃないんですね。欲の世界になります。日本の神道もそうした無意識を目指してますよね。「祓《はら》いたまえ清めたまえ」って祓ってるのはなにより雲のように被さった自意識じゃないでしょうか?

穢《けが》れというのも実は観念です。子供は綺麗とか汚いとか意識しませんから、清める必要もない。しかし普通の大人は自他の区別をどんどん覚えて、他者が「汚い」わけです。そういう意識が、生きていくのに必要だと思い込まされていくんですね。実際なにがどう汚いのか、説明なんてできないはずです。修行時代、私らは道場で、牛のウンコがなぜどのように汚いのか説明しろって言われまして、とうとう説明できませんでしたから両手で運びましたけど、結局「汚さ」ってでっちあげられた概念ですよね。

そんな区別も思わない、無邪気な笑いこそ人を原初に戻す。いわば、笑いこそ人為的な価値観から離れる貴重な時間なのかもしれませんね。それと驚き。驚いたときも、人はニュートラルな心に戻るんじゃないかと思います。

さっきの「聴く」ことにも関連しますが、批評しようと思って聴いてたら笑えないですよね。笑うっていうことは、本人を完全さに運ぶものでもありますが、相手のことも大肯定してる。火のように、穢れないものじゃないでしょうか?

なんか、笑いについてこんな七面倒くさいこと言うなんて、莫迦ですね。笑ってやってください。

## 九　働きながら疲れをとってしまう日本人

### 労働も極楽のひとつ？

　最近は仕事ばかりしてないで休暇をとるように勧められますね。ドイツなどでは一年の間で二週間以上は連続で休暇をとらなきゃいけないそうですし、そうできない人はむしろ仕事ができないとみなされます。

　総務省かなんかの発表だったと思うんですが、日本人は今現在、一生のあいだに二十一万時間の余暇があるんだそうです。ちょっとそう言われても、どのくらいか見当がつかないと思いますが、幼稚園から大学まで進んだとして、学校にいる時間のトータルがだいたい二万時間です。それから学校を卒業して、何かの職業につくわけですが、どんな職業でも一人前になるまでに最大で二万時間かかるそうです。つまりお医者さんでも坊さんでも、なんかの職人さん、畳屋さんでも建具屋さんでも二万時間あれば一丁前になるわけですね。二十一万時間の余暇というのは、もちろん食事時間とか睡眠時間とか、誰でも必要な時間は除いてありますから、純粋に何をしてもいい時間です。だからその余暇を利用すれば、人は誰でも十種類くらいの職業のプロになれるっていうことになりますよね。それになんだか日本人の余暇は増えていて、まもなく二十四万時間になるだろうなんて書いてありましたね。

ところが日本人には、この余暇というのがなかなか利用できないんですね。もともと「余暇」という発想がない。西洋から入ってきた考え方ですから。

西欧のキリスト教社会には死後の世界として「煉獄《れんごく》」というのがありますが、ここにはいわば「労働地獄」のようなものがあります。高い山の上まで大きな岩を運んでいって、登りきるとまた下まで落ちてしまいますから、また初めから運び上げなければならない。いわば罰としての労働ですね。

ところが日本、というか昔の中国の考え方かもしれませんが、労働というのは「桃源郷」にもあった。「桃源郷」には畑が出てくるんですね。極楽のイメージの中に労働が織り込まれているわけです。そして労働地獄に当たるものはありません。

ですから西欧では労働の疲れをとるために余暇、休暇をとるという発想が自然に出てくるわけですが、日本の場合はリフレッシュの仕方が違うんだと思います。

年代によるその辺の考え方の違いが、近頃は顕著なんじゃないでしょうか？　比較的若い人たちは休暇の考え方に慣れてきて、休みはあって当然と思っていますが、高齢の方々は若者がどうしてそんなに休みたがるのか理解できない。ですから労働意欲そのものが疑われたりします。

ストレス指数というのがあるんですが、配偶者の死をストレス百として、さまざまなストレスが測定されて表になっています。私はそれを見て驚いたんですが、なんと「温泉の二泊目」というのがその表にランクインしてたんですよ。日本人にとっては、温泉に一泊するくらいはストレス解消になるわけですが、二泊目はすでにストレスになってるんですね。若者には信じがたいことじゃないでしょうか。まあ若者でもワーカホリックな人々は同じかもしれませんけど。

だから、比較的高齢な方ほど、温泉に何泊もして休むなんてことができないんじゃないでしょうか？

じゃあ、古来日本人はどうやってストレスを解消したのか？　どうやって疲れをとってきたんでしょう？

祭なんですね。準備やら片づけ、あるいは練習とかもあって却って忙しくなるのが祭なわけですが、この祭をすることで日本人はリフレッシュしてきたんだと思います。

## 日常をほどいてくれる祭の力

日常と非日常、ケとハレという言葉がありますが、祭というのはハレの時です。まあ、お葬式も非日常だからハレなんですけど。

このハレの時間というのが、日常の時間を解体するというか、ほどいちゃうんでしょうね。何もしないより絶対に忙しいわけですが、祭が好きなんですね、日本人は。

これはこれはとばかり花の吉野山

これは貞室《ていしつ》という方の俳句ですが、桜が特に好きなのも日本人の祭好きと関係あるのかもしれません。

祭では短い時間に集中的にエネルギーを使います。御神輿《おみこし》かつぐのもそうですよね。大声だして。これは体のこととして考えると、脱力するためにわざわざ全身に力を込めるという方法なんです。それで限界まで力んだあとには以前よりずっと脱力します。

まあ、気持ちのほうもあるでしょうね。普段は自分や家族のために動いているのに、その日は神様や仏様のために動くわけですから。なんのためにしているのか、ちょっと考えただけじゃ解らない。そういう時に人は遊べるんですね。純粋な遊戯ですから疲れもとれるはずです。

こう言っては神仏に申し訳ないようですが、遥《はる》かでよく見えない目標を、神仏は与えてくれる。そこで人は、本当の意味で遊ぶんです。ただ歩いていたってそうじゃないですか？　何処へ行くという目標があんまりはっきりしていると歩くことじたいを遊べない。単なる「ための努力」みたいになっちゃいます。だけどどこに行くか解らない、何のために歩くのかよく解らない、っていう状況のなかで、人は踊りだしたりするんじゃないでしょうか。一遍上人《いっぺんしょうにん》の念仏踊りなんかも、自分というちっぽけな認識を捨てる、常識のなかでの私を捨てる。いわば捨てるための踊りだと思うんですが、まあなんといったって楽しいし恍惚とするんでしょうね。

普段、日常生活のなかでの私たちは、どうしてもなにかの役を演じなくちゃいけない。お父さんやお母さんだったり、あるいは忠実な社員だったり、真面目な市民だったり。しかし神仏の前に立てば、誰でも全ての役を離れて無邪気になれるんじゃないですか？　何者でもない自分に戻れる。祭にはそういう功徳があるような気がしますね。そうなると人は、心おきなく遊べるんでしょう。

極楽では、だから働いてたっていいんですが、それも遊びになってなくちゃいけないんですね。

## 人助けも観音さまにとっては遊び

仏教では観音様という方が人気ありますが、智慧と慈悲の象徴であり、苦しんでいる人を助けてくださる方でありながら、この方は遊んでるだけらしいんですね。『観音経』にそう書いてあるんです。「是《かく》の如く自在神力をもって娑婆世界に遊ぶ」って。厳密に言えばここでの「遊」というのは「遊行《ゆぎょう》」などの「遊」ですから移行することなんですが、三十三観音のなかには「遊戯《ゆげ》観音」という方もいらっしゃいます。いわゆる人助けも、観音様にとっては遊びと考えていいと思うんです。

仕事と思ってしていれば休暇も必要になるかもしれませんが、仕事そのものが遊びなんですから楽しんでいらっしゃるわけです。

禅の世界では、人に頼めないことはみんな遊びの対象と考えます。つまり、例えば食事、トイレなどは人に頼めないですよね。代わりに食べておいて。代わりにトイレ行ってきてって、無理でしょ。だから大事な遊びなんですね。遊びは自然に工夫しちゃうものですし、その工夫も楽しいものですよね。

みんな遊びに出来たらいいですけどね。それだとどうも生産性が上がらないっていうんでしょうか、近代社会は分業を始めますね。一人の人間が生きていくのにどうしても必要なことでも専門的な人々に任せることになります。だってそうですよね、例えば庭の杉の木を伐りたいっていう場合、恐らくノコギリを作るところから始める人は今いないですよね。ノコギリは買ってくる。それで自分で伐るならまだ遊べますが、お金を払って人に頼むこともできます。だけどそれでは遊べない。

寿司を食べたいっていう場合でも、魚を釣りに行くところから始めれば相当遊べますよね。だけど、それぞれ自分に割り振られた分業で忙しいから、魚は買う。あるいは魚をおろすのは難しいし寿司飯を炊くのも厄介だからお寿司屋さんに食べに行っちゃう。

分業にしちゃってる部分を少しでも自分でやってみると、これはかなり面白い遊びになりますよね。

これはちょっと歌われた意味合いとは違うかもしれませんが、二宮尊徳《にのみやそんとく》がこんな歌を歌ってます。

梅の木は　根も梅なれば種も梅　枝も葉も梅　花も実も梅

つまり自分の周辺で起こることは全部自分で関わったほうが楽しいじゃないですか？会社ではそうはいかないし、だからこそ生産効率もあがるんでしょうけど、少なくとも日常の自分の生活では、何から何まで把握して楽しみたい。

そんなふうに思ってはいても、なかなかそうはいかない。この原稿を打っているコンピューターだってまさか自分で作るわけにはいかない。だからこそ祭が必要なんでしょうね。分業の役を離れるのが祭でしょうから。

でも日本人は、いろんな種類の仕事をして疲れをとることもできると思いますよ。たとえば私の場合、原稿を書くのも仕事、お経あげるのも卒塔婆《そとば》書くのも仕事といえば仕事ですが、これがうまくお互い助け合うんですよ。つまり、小説を書くのが疲れないとは言いませんが、小説を書いた疲れはお経あげてとる。お葬式をした疲れはエッセイ書いてとる。エッセイ書いた疲れは草むしりでほぐす、草むしりで疲れたらまた小説を書くという理想的循環になってるわけですよ。

考えてみれば心臓とか肝臓とかって働きっぱなしじゃないですか。彼らをどうしたら心地よくしてあげられるか、ということを考えると、必ずしも休暇とったら効果的かどうか分かりませんよね。それはつまり、仕事をどれだけ遊びとしてエンジョイしてるかにもよるんでしょうね。仕事が肝臓や心臓に悪いというなら休めばいいわけですけど、そうじゃない人も日本には多勢いるっていうことじゃないでしょうか。

日本人にとっての極楽は、仕事の最中にだってありえるということですね。

# 十　神さま仏さま

## 「お陰さま」と呼ぶ理由

「神さま仏さま」ですか。とうとう来ましたね、この質問が。まあ、こればかりは逃げるわけにいかないでしょうけど、厄介な相手ですねえ。罰が当たらないといいんですが……。

二十世紀初頭に活躍したアインシュタインはこの世界を考えるパラダイム（軌範）を変更させるほどの業績を残しました。そのバリバリの科学者である彼が、「神はいると思いますか？」と訊かれて、次のように答えています。「この世のなかをつぶさに見て、これほどの調和が、なにか計り知れない偉大な存在なしに実現しているとは思えない」って。

しかし彼ら物理学者たちは、ゴッドという表現を避けて、Something Great と言っています。まあ「この偉大なる何者か」を、人によって地域によって、神と呼び、仏と呼んでいると思っていいと思います。あるいは老子の「タオ」も荘子の「真」もそうでしょう。もっと言えば、ギリシャの哲学者であるプロティノスの言う「一者」あるいは「かのもの」、サンスクリットの「タタータ」、その訳語としての「真如《しんにょ》」、またイスラム哲学で云われる「ウジュード（存在）」というのもそうでしょうね。

プロティノスの言葉を借りれば、「強いてなんとか仮の名をつけるために、やむをえず『一者』と呼んでおく」ということになります。仏教ではこうしたものを全部含めて「仮《け》名《みょう》」と呼んでいます。

本当のところ、言葉で言い表せない存在だという認識があるわけです。しかし存在というのは表現されないことには意識化できないですから、多少感じは違ってくるにしても皆それぞれに工夫して表現したわけですね。

「これほどの調和」と物理学者が言う内容は、私たちは詳しく知ることができませんが、例えば簡単なことで言えば、雪の結晶がどうして全て六角形になるのかも人間にはまだ説明ができないわけです。まあどんなに複雑な結晶を作っても、そこに生命を吹き込むことができない、というのも勿論そうです。

宇宙に行ってきた人々もそうですが、むしろ最先端の科学を学んだ人ほど、人智の及ばない世界に触れることになる。

よく人は「神も仏もあるものか」なんて罵《ののし》ったりするわけですが、それは自分の理屈では収まらない事が起こった場合ですね。しかし自分の考えた理屈に、神や仏が収まるはずがない。

まあ、あるかないかを論じても始まらないんです。たぶん、「ある」と想定したほうがこの世界は落ち着きがよくなると思いますけどね。つまり神とか仏というのは、ある意味で「分からないこと」の象徴でしょ。「分からないこと」はこの世界に満ちているし、科学が進歩しても少しも減らないいんじゃないですか?

科学としての因果律は確かにあると思います。しかしそれは決して人間に見届けられるものじゃない。今のこの行為がどのように結果するのか、それが私の目の前で起きるとは限りませんし、私が生きている間に起きるのかどうかも分からない。だから私たちが感じることもできないし、直接見ることもできない因果律のことを、私たちは「お陰さま」と呼んで尊重するわけです。「冥福《めいふく》」というのもそうですね。こうやって供養した結果を、我々は確かめることができない。でもきっと、なにかいいことが起こってくれるんじゃないか、そう思って「冥福」を祈るわけです。ある意味で、神とか仏というのは、そうした遠大な因果律を統率している存在なんでしょうね。

ギリシャの哲学者・プラトンは、この世界の調和的秩序を信じた哲学を提出していますが、なにもプラトンばかりじゃない。さまざまな地域でこの世界の調和を直感的に感じ取り、それが様々な名前で呼ばれることになったのではないでしょうか?

あるかないかじゃないんですね。ただ「ある」という見方に、調和を希求する強い意志を感じる。そういうことじゃないでしょうか?

こんなこと言ったら怒る人もいるでしょうね。絶対に「ある」んだって。だけど怒ったら負けですよ。そこに調和はなくなっちゃう。

詠み人知らずですが、

仏にも　神にも人はなるものを　など心をば　徒《あだ》にもつらん

って言うんですね。神仏のことも、結局は心の問題に還元されそうですね。この世界に、信じられないほどの調和を感じるかどうかも、心次第ですから。

「信じられないほどの調和」がもし感じられたら、それは無上の安楽じゃないですか。少なくとも感じられないより安楽なのは確かです。つまり極楽にとって、神さま仏さまは重要な条件だということです。必ずしもそれなしでは極楽がありえない、とは申しませんが……。

## 内側と外側、それぞれの調和という「遥かな道」

大きく分けると、私たちは自分の外側の調和と自分の内部の調和とを感じてきました。中国で生まれた「自分」という言葉も、「自然」の「分身」の短縮形です。またインドでは宇宙の調和の中心を「ブラフマン（梵）」と呼び、自分の内部に宿る叡智を「アートマン（我）」と呼びました。この両者は基本的に通底しているものですが、どちらに重きを置くかでさまざまな宗教が生まれてきますね。

ユダヤ教、キリスト教、イスラム教を、まとめてアブラハムの宗教と呼んだりしますが、これはどちらかと云うと外側の神を重視します。たとえば仏教の中でも阿弥陀仏を祀《まつ》る浄土系の宗派などは、ある意味で外側に調和の中心を見ているとも云えるかもしれません。

しかし仏教では、唯識《ゆいしき》という考え方がどの宗派にも染みこんでいます。つまり世界は、私たちの認識のしようだというわけですから、基本的には外側の調和を感じるための内側の調和を意識しないわけにはいかないんですね。密教などにはこの内外の調和を双《ふた》つながら感じとろうという意志を感じます。

私の所属する禅は、自分の内部で眠っている「仏性《ぶっしょう》」に禅定《ぜんじょう》のうちに見《まみ》えようというものですから、いわば内側一本でいこうじゃないかというものでしょうね。

仏訪ねて仏を連れて　目玉落とすな　また鼻を

なんでこんな内容がドドイツで詠まれるのか不思議ですが、なにしろ禅は、仏を外側に求めることの愚かさを徹底して説くんです。一休和尚も言ってます。

仏とて外に求むる心こそ迷いのなかの迷いなりける

また私の宗派のご本家の『臨済録《りんざいろく》』にも「求心《ぐしん》やむところ、即ち無事」とあります。これもむろん外側に求める心のことです。全てが内側に、すでに整ってあるじゃないか、という自覚を促すんですね。そう覚った人を「貴人《きにん》」と呼びます。「無事是貴人《ぶじこれきにん》」ですね。まあヨーロッパにもメーテルリンクの「青い鳥」ってのがありますけどね。あれも外側にばかり求めて得られず、結局幸福を象徴する「青い鳥」は家の中で見つかりますよね。禅の「十牛図《じゅうぎゅうず》」なども本来の自己というのを牛として外側に措定し、その牛を捕まえて飼い慣らして戻る形ですが、同じ結論といっていいと思います。しかも禅の場合、その素晴らしい調和を発見するところで終わらせない。江戸時代の臨済宗の僧侶である至道無難《しどうぶなん》禅師の言葉に「仏は慈悲して慈悲を知らず」というのがありますが、仏の価値観のなかにはいってしまったら、素晴らしいと思って求めていたものの姿が、なんだか自然であたりまえのことに思える。そこから今度は内側の調和を発散する作業、いわば大乗仏教を象徴する救済の心で「利他行《りたぎょう》」に入っていくわけです。

信仰というのは、おそらく内側の調和を信じてそれを実感し、それを外側に発散しながら何かを創り上げることじゃないかと思います。

禅には大きく分けると頓悟禅と漸悟禅があって、お悟りはふいにやってくると考える人々と、ゆっくり瓦を磨いて鏡にするようなものだと考える人々がいるんです。前者が日本に伝わってきた南宗禅、後者が中国北部に栄えた北宗禅と呼ばれる戒律禅ですね。今韓国などで盛んなのは後者に近いです。

しかし中国の元の時代に、「頓悟漸修《とんごぜんしゅう》」という両者を併せたような考え方が生まれるんです。初めから存在している調和を実感するのが頓悟だとしても、それが現実の中で行為として結実していくのは簡単ではありません。何度も頓悟を繰り返しながら、変化し続ける現実に辛抱強く対応し続けなくてはならない。それは階段を上り続けていくような遥かな道なんだと思います。

## 脱力こそ神仏との通路を開く？

神さまといっても、日本の神道とキリスト教の神さまを一律に語るわけにはいきません。この際は、日本の神さまのほうで参りたいと思います。

「など心をば　徒《あだ》にもつらん」という歌を先程紹介しましたが、実際私たちは心の在り方しだいで鬼にもなれば神仏のようにもなる。神道では「祓いたまえ清めたまえ」って言いますよね。それは何を祓って清めるのか？

結局のところ、神と自分をつなぐ通路を、いわゆる「筒抜け」状態にしようとしてる。つまり途中に詰まってるものを祓おうとしてるんだと思うんですが、それはさっきは「意識」という言い方をしましたが、別な言い方をすれば観念で創り上げられた「ワタクシ」じゃないでしょうか？

「ワタクシ」が「我が田にクシを刺す」から生まれたという話は『御開帳綺譚』という小説にも書いたんですが、要は生まれたときになかった他人との仕切りを、私たちは成長するに従ってどんどん作ってくる。例えば「汚い」という感覚もそうですね。これも本能のように思ってるかもしれませんが、実は後天的に学んだものです。生まれて間もない子供はウンコだって食べます。あっ、確かめないでくださいね。だけど、勝手に作った自分の輪郭の外側を他者と思い、ときには汚いと思ったりもしながら、根拠の薄弱な「ワタクシ」というものが出来上がってくる。だって自分以外が汚かったりする科学的な根拠なんてないでしょう。多分に心情的・社会的なものです。

西欧的な考え方からすればそれは「自我の芽生え」ということで歓迎され、その後もある種の観念で自分というものを統合していこうとする。ですからアイデンティティーとかパーソナリティーと呼んでその自己統合を推進していくわけですね。しかしパーソナリティーというのが「仮面」を意味するペルソナという言葉から生まれたものであるように、アイデンティティーとして統合する場合も自分の中のある一面に力を与えて統合するわけですね。中央集権の国家と同じです。そして中央政府というのが実は自然な形で中枢として存在した日本のどこかではないように、アイデンティティーとして代表させた個性もじつは自分のほんの一部が成りゆきで代表してしまったにすぎない。そういう意味ではフィクションなんです。ですからどうしても無理がある。

観音さまという方は相手に応じて三十三、つまり無数に姿を変えると云われます。それこそが人間の自然な在り方でしょう。しかし社会はもっと安定したパーソナリティーやアイデンティティーを要求してくる。しかしそれが実は一つのフィクションだと、日本人は知っていたんじゃないでしょうか？

だからそれを自然に逆らう賢《さか》しらなもの、いわば穢れとして祓おうとする。あるいは仏教のように、それを解《ほど》こうとする。解けた状態が「ほとけ」と呼ばれるわけですね。

そうして筒抜けになったところに神が降りてくる。また仏教的には慈悲や智慧が内側から発現する。そういうことじゃないかと思うんですよ。

じゃあどうしたら解け、どうしたら祓われるのか、ということになりますが、私としては体のほうからのアプローチが重要だと思っています。まあこれは、禅の方法論かもしれませんが……。つまり安心しきった状態を肉体的に作ってあげるわけです。以前「四体は言葉に従うというセオリー」でも申し上げたかと思いますが、なにより全身を脱力することが肝心です。脱力した身体を血液も「氣」も盛んにとおる。神仏とも、その筒抜けの身体を通じて出逢えるんだと思います。

自分の体を、まあ水の入った大きな袋だと思ってください。生きているということは、その袋を立たせたり坐らせたりあちこちに動かすことです。水のはいった大きな袋を動かすにはどこをどう持っても同じじゃないですよね。端のほうを持ったらものすごく重いだろうし、袋全体が余計な緊張状態になります。袋の緊張が分散し、持っているほうも一番楽な場所というのは、そう何カ所もないと思うんですね。その一点を意識して動くのが、最も脱力できる状態であるわけです。

まあ言葉で話すだけじゃ解りにくいと思いますが、とにかく私としては日常的に一番心がけてるのは「脱力」なんです。どうするかって言いますと、意識の置き所によって脱力できるんです。意識の置き所って解りますか？　たとえば何か考えてると意識は頭にあります。しかし訓練によって意識の在処《ありか》は操作できるようになるんです。むろん意識が頭になくなれば考えることはできなくなるわけですが、その代わり私たちの感じたり味わったりする能力は高まります。そこに、神仏は現れるんだと思います。よく人前で「あがる」なんてことを聞きますが、あれも上がったら下げればいいんです。下げなきゃ神のご加護もありません。

東洋では「臍下丹田《せいかたんでん》」などと言いますが、あれも意識の置き所のことです。全身脱力するために、意識の置き所を訓練するんですね。そして脱力しているときには、自分の思ってもみなかった力が発現します。

例えばどんなに重い物を持つ場合でも、意識が臍下に集中してさえいればぎっくり腰なんかにはなりません。最も軽いと感じるんですね。体の安定感も最大になりますから、押されても倒れない状態になるんです。恐らく「火事場の馬鹿力」というのも、何も考えてませんから意識が自然に下がっているんだと思います。それが神の恩寵《おんちょう》と呼ばれたり、仏の神通力《じんつうりき》と呼ばれたりするんじゃないでしょうか？

いいんですよ、別に外側の神仏を拝んだって。それだって、安心状態を導くものなんでしょうから。

言い尽くせた気分はありませんが、こんなところにしておきましょうか。

なんだか真面目になりすぎて、この節には歌や句がぜんぜん出ませんでしたね。最後になりましたが、神仏を信じることで生じる精神的安心と身体的安楽、それこそ宗教が此の世の極楽として求めてきたものだと申し上げておきたいと思います。「あの世」を語るのも、ある意味では此の世の切実な状況を安楽に転化するためです。あるか無いか、という議論は、「此の世的意識」で語られる以上まったく無意味だと思います。

# 十一　「死」について

## 「死」とは、ほどけること？

人間だけが、死を意識することができると言われますが、あまり考えたくはないんでしょうねえ。こんなふうにまともに質問されることはじつは滅多にないんです。拙著『中陰の花』の則道も言ってますけど、死んだことないから分からないんですが、それじゃ許してくれないんでしょうねえ。「死」とはどういう事態なのか、ということですね。

死んでから仏というも何故《なにゆえ》ぞ　小言も言わず　邪魔にならねば

なんていう詠み人知らずの歌もあるんですが、本来「仏」っていうのは死者のことじゃなかったわけです。ご存じだと思いますが「目覚めた人」が「ブッダ」であって、「仏陀」が「仏」とも表現されるようになった。そして日本人がそこに「ほとけ」という読み方を当てはめたわけですね。もちろんこれは「ほどける」から来ていると思います。「浮図家《ふとけ》」に由来してるっていう説もありますが、なんか奇妙ですね。浮図っていうのは石を積んだり木を立てたりしたもので墓標のようなものです。それを立てる人々を「浮図家」と呼び、それが転訛したと云うんですが、まあ分析は学者さんに譲るとして、ここではとりあえず「ほどける」を語源と考えさせてください。

「仏」が死者のことじゃなかったのは確かなんですが、その読み方が優れていたんでしょうね。日本では死者も「ほどけた」状態じゃないか、っていうんでいつのまにか「仏」と呼ぶようになった。

しかし実のところ、「仏」という言い方で「目覚めた人」と「死者」の両方を表現した人は、本当はよく仏教を知ってたようにも思えるんです。なぜなら釈尊自身、というか、古い仏典でも「涅槃《ねはん》」という言葉が「解脱」した「お悟り」の状態としても、また釈尊の死としても表現されているんです。厳密にするために「死」の方は「般涅槃《はつねはん》」と言ったりしますが……。

仏教では死のことを「四大分離《しだいぶんり》」と言います。四大というのは地・水・火・風という四つの働き、つまり骨とか爪とかの堅さを作る地大、血液・リンパ液というような液体の性質を司る水大、体温をあらしめている火大、手足や心臓のように動く働きを司る風大の四つですね。これが縁によって集まることが誕生であり、縁がほどけて四大が分離することを「死」と考えるんですね。だから「ほどける」という言葉は、仏教的な死を実にうまく表現していたわけなんです。

考えてみれば仏教は初めから火葬です。世界で火葬という埋葬法を採っているのはヒンドゥー教と仏教ですが、日本には仏教の流入とともに火葬が入ってきたわけです。火葬を考えてみると解りますよね。死を四大分離と規定したことが。だって煙になって四散していくんですから。そして四大は分離して「空《くう》」に帰る。

「空」というのはインドでは「シューニャ」と云われまして、膨らんでいく、拡がっていく、ということだった。後にこの考え方を仮説にして、宇宙は拡がり続けているのではないか、ということになりますが、ちょうど宇宙と同じように考えたら解りやすいかもしれません。つまり、星も寿命がきますとものすごい温度と圧力を放出しながら爆発して死にます。そしてその爆風が宇宙に吹きだまりを作る。その吹きだまりの圧力がどんどん増してきてまた新しい星が生まれる、という寸法です。そして宇宙は全体として拡がりながらも、その内部のエネルギーの総量は常に一定だと、アインシュタインは言います。

まあ、その真偽は判りませんが、とにかく仏教における死は、ほどけて空に帰っていくことであり、「帰る」という表現からも解るように、元々の状態に戻ることなんですね。私たちは亡くなった人の位牌の一番上に「新帰元《しんきげん》」とか「新帰空《しんきくう》」、あるいは「新帰真《しんきしん》」などと書きます。新たに元に、あるいは空や真に帰ったという意味ですね。

死というのは、物理的な観点から見れば、元素に分解していくことであるのは確かでしょうね。火葬でもそうだし、土葬でもそうですよね。やがては分解して酸素・炭素・窒素・水素・イオウ・リンなどという元素に戻っていく。人間の体はこれら六種類の元素で九十八％が占められるそうです。

でもお訊きになりたいのはそういうことではないんでしょうね。死ぬことによって体はほどける。それは解ってるけど、「魂」はどうなるか、ということでしょ。

## 魂はあるか？

魂というのは元々は中国の言葉です。中国の死生観のなかで「魂《こん》」と「魄《はく》」というものが想定されたわけです。儒教は土葬ですから、土の中の遺体がやがて「魂」と「魄」とに分かれる。「魂」の左側の偏は「雲」の意味ですから、遺体から上に昇っていくのが「魂」です。また「魄」の偏の「白」は「骨」を意味してますから、死後「お骨」に残るものが「魄」なんです。

中国の死生観は日本とまた違いますので、あまり詳しく申し上げると混乱すると思いますが、簡単に申し上げると、死者の世界は「鬼《き》」という言葉で表されます。その世界、つまり幽冥界《ゆうめいかい》は、山の上にあったり、丑寅《うしとら》の方角、北東から入っていくと考えられたり、いろいろですけど、とにかく暗くて冷たい世界だということになっていた。丑寅が鬼門という幽冥界の入口なので、鬼という生き物に姿を与え、牛の角を生やして虎の皮のパンツを穿《は》かせたのは日本人の仕業です。

ともかくそういう冷暗なる幽冥界を背景にして生み出されたのが「お盆」というような行事ですね。つまり暗くて冷たい世界にご先祖様がいらっしゃるから此の世に戻ってくるのが楽しかろうと思ったわけです。

ところがその後、浄土教の発生とともに極楽というのも発生する。本当は極楽ができちゃうと先祖が此の世に戻ってくる必然性はなくなるんですね。だけど、その戻ってくるという話はそのまま残された。当然、極楽だけじゃなくて地獄も生まれてるわけですが、浄土教はやがて阿弥陀仏を信仰しさえすればどんな人もいずれは極楽に行けると主張するようになる。一旦地獄へ行くことはあっても、信じさえすれば極楽へ往生できるんですね。そのせいでしょうかねえ、日本人は殆んどの方が、自分の先祖は極楽に行ってると思っています。特に亡くなった親なんか百パーセント極楽にいると思ってますよね。しかも極楽という素晴らしい場所にいながらお盆には帰ってくると思ってます。矛盾してますけどこれは仕方ないんですね。いろんな習俗・宗教が日本という国のなかでゴッタ煮状態になってますから。

中国の言葉で考えるより、和語としての「たましい」を考えたほうがまだ解ると思います。そのほうがむしろ特定の宗教的概念を排除できます。

宗教って、どんな宗教もそれなりに宗教としてのアイデンティティー、つまり整合性を大切にします。ですから特に「死」というような解らない世界については概念が偏重されやすいんです。昔の科学なんか完全に神学に従属してたでしょ。それに逆らったのがコペルニクスやガリレオだったわけですけど、概念や整合性が事実より優先されるのはどの宗教でも一緒です。ホントのことというと、科学にもそういう面はあるんですけどね。「認知的不協和」っていいますけど、理論からはみだした事実は認知されなかったりするわけです。

私が言いたいのは、そうした宗教としての統一性やまとまりへの欲求は、時代がくだるに従ってキックなってきますから、「魂」という儒教用語で考えるよりも、むしろそれに「たましい」という音を当てた日本人の感性のほうから考えてみてはどうか、ということですね。だって特定の宗教の考え方が聞きたいわけじゃないんですよね。

「たましい」というのはやはり何か球形のものなんでしょうね。「たま」ですから。そういうものがあらゆる山川草木に宿ってると、古代の日本人は考えていたようです。そしてそれは勿論人間にもある。言葉にも「ことだま」が宿っていたりする。この「たま」はどうも出たり入ったりもするようですね。びっくりしたりすると「たま」がどこに行ったか分からなくなる。それを「たまきえる」つまり「たまげる」と言ったわけです。

人間は現在、実に多くの物を創造できるようになり、かなり複雑な結晶体も作ることができる。しかし、今のところまだそれに生命を吹き込むことはできないでいます。六十兆もの細胞を有機的に動かす力の源になっているエネルギー、それを「たましい」と呼んでも私は別に構わないと思いますよ。中国なら陰陽合一によって生じる「氣」と考えるでしょう。物理学ではすでに「グルオン」と呼ばれるエネルギーが発見されてるんですが、これは距離が離れても弱まらないエネルギーだそうですから、かなり「氣」の説明もできる段階にきているんですね。

いずれにしても特定の宗教的説明ではなく、「死」を考えると、さっきまで動いていた存在が動かなくなる。もっと言えば、コミュニケーションが内外ともに途絶えた状況を「死」と呼ぶんだと思うんですが、それは原始的に言うと「たましいが抜ける」ということかもしれないと思いますね。

## 臨死体験が教えてくれること

キューブラー＝ロス博士の『死の瞬間』以降、多くの臨死体験が研究され、また報告されていますが、そのことが示す最も重大なことは、脳波がフラットになってしまった人でも生き返り、そしてその間に見聞きしたことを述べているということです。

では脳波がフラットのときに見聞きしていた主体は何か、ということが問題になってきます。

この問題については『アミターバ』という小説でかなり綿密に書いていますので、本当はそちらを読んでいただきたいんですけど……。え？　それはそれ、これはこれ？　分かりました。

普通の言葉でいうと「意識」だと思うんですが、これが死後にはどうなるか、ということですね。通常、仏教では死の直後に四十九日間の「中有《ちゅうう》の幻身《げんしん》」というものを想定しています。肉体を離れた幻の、つまり眼に見えない何らかの身体なんでしょうね。これが臨死体験で見聞する主体でしょうし、そう考えると多くの臨死体験は腑に落ちるんですね。そこにはむろん生前と同じではないかもしれませんが意識が続いていますし、体から抜け出した意識の器がもしかすると「たましい」なのかもしれない。この期間のことを書いたのが『中陰の花』ということになります。中陰と中有は同じことですから。

中国の道教などでは、「悟り」とはそういう「身外の身」、つまり頭頂から肉体を抜けでたエネルギーとしての身体を自在に操れることだと考えます。それが仙人ですね。さすがに中国人も「不老不死」については十九世紀あたりに諦めたみたいですけど、だからといって道教の考え方が全て無効になるわけじゃないですよね。ですから私も意識を動かす訓練というのは日常的にします。そして体の外に意識を置くということも、可能だと考えています。オウム真理教(二〇〇三年二月より「アーレフ」)がよく使った「ポア」という言葉も、元々はそういうエネルギー体が頭頂から外に出る事態をいう言葉なんですよ。道教ではそこを「天門《てんもん》」と呼びます。

最近、特にアメリカで、「たましい」の重さを測るというようなことが行われています。つまり人が死ぬ瞬間、どうも体重が減るらしいんですが、いったい何グラム減るか、ということですね。もちろん死んだ瞬間に秤の上に載せるんじゃないですよ。あらかじめ床下に秤を仕込んだ部屋が病院に作ってあるわけです。

私が調べた範囲では、数グラムから最高四〇グラムまでありましたね。なんのためにそんなことを調べるかというと、アインシュタインの特殊相対性理論のなかに$E=mc^2$という有名な式があるんですが、これはエネルギーEと質量mに互換性があるということを意味するんです。別な言い方をすれば、質量というのもエネルギーの一形態であるということになります。そして宇宙に満ちているエネルギー量が常に一定だという彼の理論どおりだとするなら、死の瞬間に減った質量の分だけは、間違いなくエネルギーが生まれていることになるわけです。つまり質量という形ではないエネルギーに変換したということです。

cというのは光の速さなので、例えば一グラム減ったとしてもそこに生まれるエネルギーは膨大です。例えば熱エネルギーに換算すると、十の十四乗ジュールという数字になるんですが、実感湧かないですよね。これは普通の二五メートルプールを五百二十九杯分満水にして、その水を瞬時に沸騰できる熱量です。少しは実感、湧きました?

運動エネルギーに換算すると、たとえば富士山も一七ミリ持ち上がります。九・一一テロでなくなってしまいましたが、あの貿易センタービルだったら八〇キロ上空まで運べます。光エネルギーにすると、一時間で全部使い切ろうとすると太陽の四百三十二倍の明るさになります。普通の日中の明るさで東京ドームの広さを照らそうと思うと、昼夜ぶっとおしで十八日間保てるエネルギー量なんです。

もっと簡単に言いますと、一グラム減ったときに生まれるエネルギーは、ちょうど広島に落ちた原爆と同程度のエネルギーです。

なんでそんな莫迦《ばか》なこと考えるのかと思うかもしれませんが、だって人は死んだって、たとえ火葬になったって、体を構成していたあらゆる元素は変化せずにこの宇宙にあるわけでしょ。もちろん分子レベルでは化合したり分解したり、いろいろ変化するわけですが、原子は変わらない。もっといえば、量子はなお変わらない。量子というのは電子とか、原子核の中の中性子、陽子、あるいは光を粒子として捉える場合の光子《こうし》なんかもそうですね。

今や、最先端の量子物理学の世界では、完全に眼には見えない世界がその対象です。ある意味では、観察することさえ不可能だと言えます。なぜかというと、私たちが見るためには光が必要ですが、光が当たることでそのエネルギーで動いてしまうからです。ドイツの理論物理学者・ハイゼンベルクの「不確定性原理」もそうですけど、もう物質を構成するミクロの世界は確認しきれないという認識ですね。それを把握するためには「波動関数」というような、極めて概念的なものをもちだすしかないわけです。

しかし一方では、量子の瞬間移動、つまりテレポーテーションというような実験に成功したりしてるんですね。これは古澤明という東大の先生ですが、初めは光子で成功させ、西暦二〇〇〇年には画像を一〇キロ先まで瞬時に送ることに成功してます。もともとはアメリカのＩＢＭが、通信手段の開発ということで研究費をだしていたようですが、この実験が語ることはそればかりじゃありません。

もともと実験で成功することなど、現実に起こっていることのほんの何パーセントかにすぎませんよね。実際私たちは右を向こうと思えば右を向き、背伸びしようと思えばなんの苦もなく背伸びしているわけですが、これを実験で成功させようと思ったら大変です。

昨年、つまり二〇〇二年になってようやくアメリカで、右へ動かそうと思っただけで右へ動く義足や義肢の可能性が示される実験に成功しました。大脳皮質の十八カ所に電極をとりつけ、その電流から総合的に意志を引き出すことに成功したわけです。しかし現実には、私たちはもっと高度なことをこの体にさせていますよね、思っただけで。

ですから量子と私たちの意識というものを考えると、私には死によってその関係が即座に消滅するとは思えないんですよ。だって、たぶん意識も量子も、両方存在しつづけてるんですから。

実際、浄土教というのも、中国で曇鸞《どんらん》や善導《ぜんどう》などがいわゆる臨死体験をすることで成立してきたヴィジョンですよね。その辺のことは京都大学のカール・ベッカー先生が『死の体験』という本のなかで詳しく検証されています。そういう意味では、中国にはすでに五世紀から臨死体験の記録があるんですね。

私は、そうした実際の体験報告をもとに、『アミターバ』を書きました。そして「阿弥陀如来」と訳されて完全にキャラクター・ネイムになってしまった「アミターバ」という言葉を、あとで少し触れますが「無量光明」としてもう一度ありありと感じてもらおうと思ったんです。

しかし、死はまだまだ謎でありつづけるのは間違いないでしょうね。

だから私は、面白いんだと思います。

最近は宇宙物理学者たちが、私たちが知っている宇宙以外の宇宙として「併行宇宙」とか「異次元空間」というものを想定しはじめています。想定しないと理解できない現象が発見されてきているということです。江崎玲於奈《えさきれおな》博士のトンネル効果だってそうですし、アメリカの理論物理学者で原爆製造のマンハッタン計画にも関わったファインマンなども、この三次元では理解できない実験結果を提出しています。

そんななかにあって、今なお全面的に死後の世界を「無」と考えるのは、むしろ感情論に見えてくるから面白いですね。

## 埋葬法と輪廻のこと

死後を「無」と捉えたのは、最近では共産主義の人々でしょうね。ご承知のように「宗教は阿片《あへん》」と言われてあらゆる宗教が憎まれたわけですが、彼らは死後の世界を宗教のでっちあげと解釈した。そして主にキリスト教系の宗教の天国入りを待つ肉体を、火葬してしまおうとした。

一九六三年にカソリックは火葬を認めてしまいますが、本来は土葬にしていたわけです。ですから最近共産主義から解放された国では本来の土葬がどんどん復活してきています。世界的には土葬が増えているわけです。日本みたいに九五パーセント以上が自主的に、しかも宗教に関係なく火葬にするなんていう国は世界中に皆無です。

埋葬法というのは宗教が規定するものですから、例えば東京都民はすべて火葬にすべしというような決まりは作れないわけですね。信教の自由に反しますから。それは市町村レベルでも同じです。ただ現在は、火葬骨しか埋葬できない墓地、という墓地単位の規定は認められています。

だけど本来は、宗教によって埋葬法は全て決まっているわけです。イスラム教は土葬。

キリスト教も土葬。神道も土葬。統一教会も土葬ですね。古代ゲルマン民族は火葬で、ギリシャ・ローマでは火葬も土葬も両方あったみたいですが、それもキリスト教が国教になると土葬になっていました。ですから共産主義が火葬を強制したのはある種の宗教弾圧だったわけです。しかし日本人は、土葬にするのは田舎、みたいな認識で、唯々諾々《いいだくだく》とどんどん火葬になってます。

これって変ですね。仏教は火葬ですから喜んでもよさそうなんですが、まるで中学生に僧侶の髪型である丸刈りを強制してるみたいじゃないですか。私たちは自主的に剃っているのに、似たようなスキンヘッドや中学生の丸刈りが増えてきたって嬉しくないですからね。そんな感じですよ、日本の埋葬法の現状は。

明治になって、紆余曲折の末、日本の国教は神道であるということになった。それによって明治六年（一八七三）、火葬禁止令が出るんですね。まあ、神道の埋葬法は土葬ですから、これは原則どおりだったわけです。国の宗教が神道であるなら土葬であってても仕方ないわけです。ところが火葬を禁止してしまうと、いろいろと混乱することがあったみたいで、翌々年これが解除されちゃうんですね、神道が国教というのはそのままに。ここからおかしくなりだした。一方知識人層では、更にコミンテルンなどの指導の影響もあったんでしょう。まるで「死後の世界」を考えるなんて知識人じゃない、みたいな風潮になり、やがて火葬しないと都会じゃない、というような妄念が植え付けられてしまった。

いいんですよ、うちは火葬なんですから。別に増えてもいいんですけどね。だけど、火葬が仏教の埋葬法だなんて、皆さんご存じないんじゃないでしょうか？　江戸時代までの天皇の埋葬法を見るとはっきり判りますね。仏教に帰依した天皇だけが火葬になってます。三十人以上いらっしゃいますが。

初めは大変だったみたいですよね。初めて火葬が行われたのは奈良の元興寺《がんごうじ》というお寺だったんですが、まるでオウム真理教の所行を非難するように、その残酷な埋葬法を群衆が取り囲んで騒ぎになったらしい。そりゃあ残酷に見えるんじゃないですか、初めて火葬を見れば。しかもインドでは「輪廻《りんね》」という考え方が一般的ですから、死んでもしばらくするとまた新しい体をもてます。それが人間である保証はありませんが、とにかく遺体はもう要らないわけですから、燃やしても抵抗はなかったんです。

ところがこの「輪廻」という考え方は、中国を無事通過できなかった。簡単に言ってしまえば、中国というのは先祖を大切にする国ですから、同じく生命の連続を重視するといっても人間だけの流れなんですね。だってご先祖が豚だったりオケラだったりしたら嫌でしょ。まあ、本当に侃々諤々《かんかんがくがく》と議論があったみたいですけど、結局中国では仏教は採り入れながら「輪廻」は認めなかった。「輪廻」があるからこそ火葬も全く残酷ではなかったわけですが、日本には火葬だけ単独でやってきたんです。しばらくはそういう時期が続きます。『日本霊異記《にほんりょういき》』などには九日間は火葬にしてくれるな、と言い残す人のことが出ていますが、誰でもそうですよね。生き返るかもしれないから、しばらくは火葬にしてくれるな、と思ったわけです。体さえあればなんか生き返るかもしれないと思うじゃないですか。

天皇家では今も正式な墓地に埋葬するまえに、「殯宮《もがりのみや》」というのを作ります。モガリというのは折口信夫《おりくちしのぶ》によれば「仮の喪」が逆転した言葉らしいんですが、つまりまだ正式には喪に服すわけじゃない、生き返る可能性も信じているわけです。ですから殯宮の周りで復活を念じて踊ったり歌ったりということもあったようです。

死んだあとどうなるのか分からなければ、生き返る可能性にかける、というのは普通のことですよね。

遺体を焼くことに抵抗がなくなったのは、浄土教が出てきてからでしょうね。阿弥陀仏を信じれば、極楽に往生《おうじょう》できるというわけですから。仏教にはいろんな宗派がありますが、死後のヴィジョンに関して浄土教を超えるものはないんじゃないかと思います。禅宗のお葬式でも、結局阿弥陀仏に登場していただかないと収まりがつかないんです。

阿弥陀仏というのはサンスクリットの「アミターユス」とか「アミターバ」からできた

言葉ですが、前者は「無量寿《むりようじゆ》」、後者は「無量光」と中国で訳されました。死後、人は純粋な光になる、なんてチベットでも考えられていますが、まあ光にせよ命にせよ、それが無量だという考え方が示されました。死によって終わらないわけです。だから心おきなく焼けるんですね。

輪廻に代わるヴィジョンです。

阿弥陀の浄土というのは、ある程度経験的に導かれた世界だと思うんですが、『浄土三部経』を読んでも、どうも浄土に行ってからの時間的な流れや変化というのがよく判らない。この世的な時間じゃないことは確かだと思うのですが。ですから中国で否定された輪廻というのが、必ずしも浄土教的な死生観のなかで認知しえないのかどうかも、正直なところ私には判りませんね。

少なくとも中国で輪廻説が否定されたのは、中国人にとっての宗教的アイデンティティーの問題ですから、純粋に宗教教義上の問題だと私は思っています。ですから一般的な、個人的感覚に戻れば、輪廻の有無もかなり謎として残ってると思いますよ。

ただ極楽という観点からみれば、輪廻を断ち切ることによって涅槃という極楽状態に達するとお釈迦さまは仰《おつしや》いますから、輪廻というのはどうも楽じゃなさそうですね。

## 死とはどのポイントなのか？

モガリの話がでましたんでついでに触れておきたいんですが……。人の死の認定について、ですね。

平安時代などは人の死に立ち会っているのは僧侶でした。貴族や皇族などは死が近づいたと認識すると黒い衣装に着替えて「涅槃堂」と呼ばれる建物に入ります。そして僧侶が陪席していわゆる現在で云うターミナルケアにあたるわけです。恵心僧都源信《えしんそうずげんしん》という比叡《ひえい》山《ざん》のお坊さんなどは「二十五三昧会《ざんまいえ》」というケア・グループを組織したほどです。まあそういう人々に囲まれて、阿弥陀如来の指に結ばれた五色の糸を握りしめて、その時を待ったわけですね。ですから完全な告知による死ですよね。

亡くなると、僧侶はお経はあげるでしょうけど、帰っちゃうんです。そしてその後は葬《そう》送人《そうにん》といわれる人々に任される。つまり、当時、亡くなったという判断をしたのは僧侶だったと思うんですよ。だから、というと変ですが、「だんだん死んでいく」ということで別に構わなかったと思うんです。「中有の幻身」もその辺にいるわけですし、阿弥陀さんが迎えに来たといっても、まあそれほど急がすわけでもないでしょう。

しかし最近は、死亡の瞬間はお医者さんが決めます。周りの人々もはっきりと「ご臨終です」って言ってもらわないと困りますよねえ。「なんだか死んだような気がするんですが、でもまだ大丈夫かもしれません」なんて言われたら、会社行こうかどうか困っちゃうってんで、「ポイントを決めましょう」ということになったんじゃないですか？　いっぺんに全身が死ぬんじゃないかもしれないわけですけど、一応このポイントにしておけば不可逆的な死だろうということで、初めは心臓死でした。心臓の停止、呼吸の停止、そして瞳孔《どうこう》の拡散という死の三兆候で見ておけばまず間違いはなかろう、と。

しかし最近、死の定義が変わりましたよね。「脳死」という概念が出現した。このことを、皆さんはどう受け止めていらっしゃるんでしょうねえ。

ここで「脳死」について詳しく論じるつもりはありませんが、少なくとも死というのが、人間の様々な思惑で、変わるものなんだという経験を皆さんはされたわけです。つまり死のポイントというのは、人為的な決定だということです。ということはですね、今後も変わる可能性があるかもしれないっていうことですよね。

十日以上喋らなかったら死んだことにする、とかね。まさかそんなこともないでしょうけど、ちょっと怖くないですか？　火葬の窯に入ってから生き返るとかね。

あるお医者さんも言ってましたよ。一応、ご臨終って言ったんだけど、今でも気になって憶いだす人が一人いるんだって。

　だからと言って、腐るまで置いておかれるのも嫌ですよねえ。まあお医者さんの「ご臨終」を信じるしかないんですが、私はどうも、人はやはり、だんだん死んでいくんじゃないかという気がするんですよ。そして「たましい」と呼ばれるものも、いわゆる瀕死の状態ではもう出たり入ったりしてるんじゃないか、と。

　私の感じだけでこんなこと言っちゃいけないでしょうけど、しかし瀕死の方に付き添ったりすると、私のほうを見ていても視線が私を突き抜けていくのを感じることがあって、明らかに私の背後の何者かに焦点が合ってると思うことがあります。なにか別な時空を見てるっていうんですかね。そういう症状、医学的には症状と呼ばれちゃうわけですけど、それは普通瀕死状態の妄想とか意識の混濁《こんだく》ということで片づけられるんですよ。だけど私は、ちょっと違うと思うんですね。

　もしかしたら、あれこそがあらゆる煩悩から解放された状態じゃないか、なんてことも思ったりするわけです。

　つまり我々の最大の煩悩は、もしかすると世界に対して自分独自の認識をしてると思い込むこと、ある意味ではロジカルな思考そのものだと思うんですが、これはこの世で生きるために、本来持っている能力を代償にして得たんじゃないかという気がするんですよ。

子供の脳は流動体だって言いますが、そういう脳ではおそらく瞬時に全てを感じてしまうんじゃないかと思うんです。しかしそれではなにかと社会が生きにくいっていうんで弁が複雑にできていって情報が一方通行になっていく。情報といっても電流ですけど。だけどそうなることで初めて人間の脳はロジックが使えるようになる。言葉やロジックが使えるのと引き替えに、私たちは直感力という能力を退化させるんだと思いますが、瀕死の時には脳の弁が開いて、人間は再び最も直感力に溢れた存在になるんじゃないでしょうか？なんかそんな気がするんですよ。瀕死の方の眼には、いろんな次元の世界が入れ替わり立ち替わり見えてるんじゃないでしょうか？

ですから、純粋に意識の世界で死というものを考えると、ポイントを決めることはとても難しいと思うんですね。つまり、この三次元世界には二次元世界が含まれちゃってるでしょう。もし死というのが、別次元への移行だとすると、その別次元はこの三次元を含んだ世界だろうなと思うんです。そして先程も申し上げたように、三次元にいるうちから別次元への出入りが始まってると思いますから、ここからは別次元だけ、というポイントはないんじゃないかと思うんです。

だから、肉体的にも意識の面からも、死というのはあるポイントからきっぱり始まるんではないんじゃないでしょうか？　お釈迦さまも仰るんですが、意識も決して同じ意識が続くのではなく、次第次第に変成していくんじゃないでしょうか?

## 向こう側からの見方

なんだかこの章は、真面目一直線という感じで和歌ひとつしか出ませんでしたけど、やっぱりここらで出しませんとちょっと呼吸が苦しいですよね。

死後に関しては「麗《うるわ》しき謎」状態なわけですけど、日本には実はすごい歌があるんですね。まるで死後の世界を知ってる人が詠んだような歌です。ある程度の年齢以上の方はみんなご存じだと思うんですが……。

色は匂へど　散りぬるを　我が世誰ぞ常ならむ
有為《うゐ》の奥山　今日《けふ》越えて　浅き夢見じ酔《ゑ》ひもせず

解りやすく漢字混じりで書いちゃいますが、いわゆる「いろは歌」ですね。我々は「あいうえお」で言葉を習いましたが、「いろは」で習った方もいらっしゃいますよね。ところがこれ、小学校に入るとすぐ教わるもんですから、意味なんか習わないんですね。小学生には難しすぎるんです。これが凄い意味なんですよ。

もともとこれは『夜叉説半偈《やしゃせつはんげ》』というお経の翻訳なんです。翻訳の一部じゃないですよ。これで全部ですからものすごく短いお経です。

お釈迦さまは凄い方だっていうんで、きっと前世からずっと修行していたに違いないという考え方が生まれ、『ジャータカ』つまり前世譚が出来てきます。これもその中の一つなんですが、その頃お釈迦さまは「雪山童子《せっさんどうじ》」としてヒマラヤで修行されていたわけです。この雪山童子がある時、夜叉が歌っている言葉を聞いてしまった。夜叉といえば人を食う魔物ですが、その夜叉がとんでもなく魅力的なことを歌っていたわけです。

諸行《しょぎょう》無常《むじょう》　是生《ぜしょう》滅法《めっぽう》

というんですが、つまり此の世のありとあらゆる物事は常に変化して止まず、これがこの世界を貫く生滅に関する法則であるというわけです。

それを聞いた雪山童子は是非つづきが聞きたいと思う。どうか続きを歌ってほしいと夜叉に頼むんです。ところが夜叉というのは人を食べたくて仕方ないわけですから、意地悪く言うんですね。「歌ってもいいけど、そしたらお前を食べてもいいか?」って。

さすがに雪山童子も迷いますが、きっとその歌の続きは「死」に関して歌っているのじゃないかと思う。で、死のことを聞けたならば死んでもいいと思うんですね。「わかった」と約束しちゃうわけです。すると夜叉が続きを歌う。

生滅滅已《しょうめつめつい》　寂滅為楽《じゃくめついらく》

生まれたり滅したりという変化がなくなり、とうとう変化がないという状態を楽しみにするようになる。

寂滅というのは「ニルヴァーナ」つまり「涅槃」を中国で意訳した言葉です。もともと「ニルヴァーナ」というのは炎の揺らめきが消えたように全く変化のない安らかな状態のことです。風がなくても揺れる炎は煩悩に喩えられているんですね。それが滅した状態ですから、理想状態ですが、生きている私たちは普通変化を楽しみにしています。子供が大きくなったとか孫が元気に育ったとか、ですね。もちろん苦しみも変化のうちにあるわけです。親が死ぬとか、白髪が増えて耳が遠くなるとかですね。楽しみも苦しみも変化のうちにあるのが私たちの人生なんですが、夜叉が歌う光景はそれとは違っていたんです。どうもそれは此の世のこととは思えない。なるほど、と思って雪山童子は納得した。そして

「じゃあ食ってもいいか?」と訊く夜叉に「わかった」と答えるわけです。
お釈迦さまはそれで納得したんですけど、納得できました? ちょっと解らないですよね。
しかしその四句のお経を翻訳した歌を聞けば納得するはずです。それが「いろは歌」なんですが、これは弘法大師空海が訳したんだという説もあります。まあ学者さんたちに言わせればどうも怪しいってことになるんですが、とにかくそう思わせるほどに凄いっていうことでしょうね。

色は匂へど　散りぬるを　我が世誰ぞ常ならむ

これは解りますね。形ある全てのものはやがて変化していく。まるでこの前まで美しく咲いていた花が散るように、あらゆるものが衰え、死んでいく。それは誰にも免れることのできない法則であるというんですね。人も寿命がくれば必ず死ぬということです。じゃあその後はどうなのか?

有為の奥山　今日越えて　浅き夢見じ　酔ひもせず

これは出来すぎというくらいの名訳です。

死を、まず「有為の奥山」を越えることだと表現しています。有為の奥山とは何か？無為という言葉は聞いたことがあると思うんですが、もともと老荘思想の語彙《ごい》で「無為自然」なんて謂います。人間の計らいを捨てた自然の道に則《のっと》った在り方を「無為」と謂うんですね。しかしそんなこと言っても、人生というのはどうしたって「有為」なんだというわけです。人間が勝手に決めた価値観を、まるで山を登るように登っていくしかないんだろうと看取っています。

そりゃあそうですよね。例えば金銭欲も権勢欲も名誉欲もない、なんていう人はいるでしょう。だけどそれだって、清貧に生きたいという勝手な欲望が熱烈に強いんだという見方もできるわけです。私たちは「三界」、つまり欲界・色界・無色界のどこかに必ず属してしまう。食欲とか性欲の欲界を離れても物欲という色界の束縛は大きいですし、これを克服しても今度は権勢欲や名誉欲という無色界が待ってるわけです。無欲に生きたい、というのも結局は無色界での欲望ですから、生命力がある以上、必ず屈折した形であれ欲望や煩悩は存在しているということです。

いい小説が書きたい、なんていうのも煩悩に違いないと思います。

人生を、どこまで行っても「有為」なるものとみなした上で、この方は歌います。それを今日越えたって。これはつまり、死の体験じゃないでしょうか？

この言い方は、私などには「山越えの弥陀」を想わせるんですね。「山越えの弥陀」というのはよく浄土宗のお寺さんに掛け軸がありますが、要するに阿弥陀三尊つまり阿弥陀さんと脇侍仏《わきじぶつ》の観音・勢至菩薩《せいしぼさつ》が山を越えて死者を迎えにきてくれたという絵なんです。だから浄土教の影響も感じるんで、空海さんよりちょっと後のものじゃないか、なんて勝手に思うんですが、ともかく有為の奥山を今日越えてみた。そしたら、振り返ってみた自分の人生が次のように見えたというんです。つまり「浅い夢みたいじゃないか」そして「酔っぱらっていたみたいだ」だからまた正面に向き直って思います。これからは浅い夢など見るまい。酔っぱらいもするまい。

これまでの人生が夢や酔っぱらった状態に思えるほど、この人は今はっきり見えてるんじゃないですか？　私にはこの歌が、どうしてもそう読めるんです。

たぶんお釈迦さまになる雪山童子にも、そう見えたんじゃないでしょうか？　彼は深く覚ったあと、覚悟して夜叉に食べられようとした。しかしその時、夜叉は本来の帝釈天《たいしゃくてん》の姿を現して食べられずに済むんです。つまり雪山童子は試されていて、命がけで真理を求める態度に夜叉は、いや、帝釈天はうたれたということなんでしょうけど、死んでしまっちゃおしまいだと思うんですが、いいですよね、こういうときは輪廻があると。

この歌は本当にすごいと思うんですよ。前半は日本人としてのセンスに溢れていますがそれほど驚きはしません。しかしこの後半は、ある意味で原文を越えて歌ってます。いわば「寂滅為楽」の世界に現にいるという状態から歌ってるわけです。向こう側からどう見えるかが歌われていますから、行ったことのない向こう側を考える上では大きなヒントじゃないでしょうか？

そういえば一休さんもこんな歌を歌ってますね。


有漏地《うろじ》より無漏地《むろじ》へ帰る一休み　雨降らば降れ風吹かば吹け

全く漏れのない状態という「無漏地」という言葉は、ふつう解脱した「悟り」の状態を意味します。ですから「有漏地」というのは煩悩だらけのこの娑婆世界のことですが、私たち凡人にとっては解脱と言われても「向こう側」のこととしか思えないわけです。そしてこの歌は、「無漏地」の世界を確信した人の言葉です。

人生は、もといた「無漏地」の世界に帰るまでの一休みのようなものじゃないか、と一休さんは言うわけです。だからまあ苦しいことがあったとしても知れたものなんだし、せいぜい雨も降り、風も吹くがよかろう。はっはっは。てなもんでしょうか。

本当に自信にあふれた歌ですね。

向こう側というのは、おそらく言葉では表現不能な世界だと思うんです。ですからどこまで行っても謎は謎でしょう。しかしどうも、考えるヒントはたくさんあるような気がしますね。昔から、向こうとこちらを行ったり来たりした人は大勢いるんでしょうね。そういう言葉からヒントをいただいて素晴らしい「向こう側」を想定しておいて、あとは楽しみにとっておけばいいんじゃないでしょうか。最初のほうでも申しあげましたが、とことん考えるとむしろ安楽から離れてしまう問題というのがあるわけです。

## こちら側を生きる覚悟

ここまで向こう側の話をしておきながら申し訳ないんですが、じつはお釈迦さまは死後のことを一切語られませんでした。経典には「無記《むき》」とされていますが、ノーコメントということか、あるいはなにか喋っても経典には記録しないということなのか、両方考えようはあるわけですが、やはりまともには答えなかったんだと思いますね。

よく聞くのは、毒矢の話ですよね。弟子が死後の世界について訊いたとき、お釈迦さまは毒矢の喩えを話されたと言われています。つまり、今目の前に毒矢が刺さって苦しんでいる人がいる。そんなときにその矢がどこから飛んできて、誰が放ったものなのか考えて一体なにになるのか、と。まず仏道修行を選んだお前たちがなすべきなのは、刺さった矢に苦しむ人からその矢を抜いてあげることではないか、と仰るわけです。つまり、死後の世界をあれこれ詮索するということは、矢が刺さって苦しむ人を放っておいて矢の出所などを考えるのと同じことだと仰る。すごい喩えですよね。そう言われたらちょっと質問を取り下げるしかないっていう感じがします。結局、矢が刺さった人は次から次に目の前に来るんでしょうから、私たちは生涯そんな詮索に心を煩わすべきではない、ということなんでしょう。

気になりますけどね。だけど考えてもどうにもならない。「分からない」という結論以上のものはあり得ない、っていうことだと思います。

別の言い方をしますと、お釈迦さまがこのような答え方をしたのは、それが相手の今の意識や認識に収まる答えではないという主張でもある。

お釈迦さまという方は、論理的理解ではなく、この問題は、なにより瞑想の実践による段階的な意識の変容を通してのみ把握できると認識されていたと思うんです。

そうした場合、ロジカルにどんなに上手に答えても、それは相手の意識の変容を促すような力をもちえない。お答えにならなかったのはそういうことだろうと思います。

インドでは数学でゼロの発見という偉大なことがなされましたが、哲学上でもウパニシャッドの時代から「判断停止」という考え方があります。考えてもどうにもならないことは意志的に考えない、ということです。そこに天台の「止観」の「止」が出てきて停止した思考をゼロのまま深めていく発想になり、やがて禅宗の「禅定」つまり三昧と呼ばれる自他一如の状態で清浄な本心に出逢うという方法論に至る。まあこれは禅宗に限らず、お釈迦さまの時代からあったことですが、ともかくそこでは「考える」という行為が否定されてるわけです。なにか考えると、「今」という時間からいなくなりますよね。だって何かを考えるということは、記憶という過去の材料を展げてあれこれいじりまわすことですから。特に「死」なんてことを考えはじめたらキリがない。しかし今という時間からいなくなっちゃうのは勿体ないですよね。せっかくの人生、せっかくお借りした体なんだし、存分に使わないとねえ。だから考えるんじゃなくて「感じる」「味わう」というのが生きている醍醐味なんだと思います。そしてその力が一番発揮できる瞑想、そして瞑想によって到達する禅定の中で死は体験できるとお釈迦さまは仰っています。しかし現実にはそこまでの瞑想体験もなかなかできない。

法性《ほっしょう》の無漏地と聞けど我住めば　有為の波風たたぬ日もなし

というわけです。我というのは現実生活の中で、全く自分勝手な価値観でまとめ上げてるわけですから、他の我とぶつからないわけがない。波風も立つだろうと思います。「我他《がた》彼此《ぴし》」と言いますが、これは本来私たちの勝手な価値観で分けた外界が軋む音じゃないでしょうか？　それが無くなるのがいわば無為の、無漏地の世界なんでしょうね。

しかし私たちはこの有為の世界を生きていくしかない。自己実現という思い込みの有為の目標を、奥山に登るように一歩一歩登っていくしかないんだと思います。芭蕉も、そうしたこちら側に生きる覚悟を詠ってます。

やがて死ぬ　けしきは見えず　蟬の声

あちら側はともかく、とりあえずこちら側を充分味わって燃えつきる覚悟が、此の世の安楽のためにはぜひとも必要なんだと思います。

# 十二　時間に救われるということ

## 時間は本当に流れているか？

まえにアインシュタインのことを出しましたけど、この方は時間についても非常に驚くようなことを仰《おつしや》っています。まあ私は専門家ではありませんので、詳しく学びたい方はそれなりの本を読んでいただきたいんですが、簡単に申し上げるとアインシュタインは、私たちの住む宇宙には絶対的な時間が単独に存在してるわけじゃないと言ってるんです。

日常感覚のなかで解りやすく言うと、例えば東京駅で新幹線に乗り込む人をホームで見送ったとします。その時に二人の時計を秒針まできっちり合わせます。そしてホームに残った人が浜松の知り合いに電話をかけて、浜松の人の時計も合わせます。それから新幹線の人が出発してやがて浜松あたりを通過するとき、浜松の人が新幹線の窓からよく見える場所で手を振るんですね。そして手を挙げた時のその人の時計と、新幹線に乗ってる人がその人の手を挙げた姿を認めた時の時計を比べてみるんです。これはアインシュタインの言ってることが正しいかどうか調べるため、実際に行われた実験だそうですが、どうだったと思います？　ええ。新幹線に乗ってた人の時計のほうが、遅れるんですね。

それから、まあそんなことはあり得ないでしょうが、例えば東京タワーとか通天閣の上に暮らしてる人がいるとするじゃないですか。そうした場合、地上に普通に住んでる人の時計よりもやはり遅れてくるそうです。つまり、時間というのも、重力とか速さとかの影響を受けるということなんです。

ですから例えば毎日飛行機に乗っていたりすると、極端に言えばある種の浦島太郎状態になるっていうことですよね。周りはどんどん歳をとって、自分はなかなか歳をとらないわけです。

まあ日常生活のなかではそれほど気にしなくてもいいことですが、自分がどういう状況にあるかによって時間の過ぎ方が違う、ということだけは覚えておいたほうがいいと思います。

ところで日常のなかでは、楽しいことをしていると時間が速く過ぎて、嫌な時間はなかなか過ぎないという感じがありますよね。またお葬式とか、忙しいことがあると、なんだかアッという間に時間が過ぎて四十九日になってしまったなんていうこともあります。これはどういうことでしょうか?

これは私の個人的な考えですけど、時間が流れるスタンダードなスピードというものを、私たちは人生のなかでだいたい体に染みこませているわけです。だから、嫌な時間、あるいは暇な時間だとこの時間意識というのが目覚めて、そろそろ三十分は経ったはずだとか思うんですね。ところが、そうしてあれこれ考えている時間というのは実にめまぐるしく頭の中を駆けめぐりますが、そのわりには時間は経たない。つまり私たちの思考というのは、実にスピーディーなんですね。仏教では一つの心が宿る時間を「一刹那《せつな》」とか「一弾《だん》指《し》」といいますが、いずれも一秒の数十分の一秒のことなんです。ですから、思考している時間というのは実に夥《おびただ》しいことを思いますから、とても時間が経ったように感じるけれども実際はあまり経っていないということが起こります。逆に、目の前のことに没頭していると、時間感覚さえ意識されませんし、思考するのではなくてただ感じたり味わっているわけですから殆んど時間が流れる感じがしない。しかし結果的には意外に経っているということになるわけです。

不思議ですよ。そうして次々と目の前のことに没頭する日々を送ると、アッという間に時間が過ぎてしまうんですが、振り返ってみるとじつにたくさんの思い出ができてるんですね。逆にまだ三十分経たないのか、って過ごしてると、なかなか時間が過ぎないのに、思い出すこともあまりない、ということになります。

これは先程も申し上げましたけど、自分が「今」にどれだけいるか、ということだと思うんです。あれこれ考えるということは自分が「今」から過去に行ってしまうことですから、そういう時間は思い出になりにくいんだと思います。

二宮尊徳は、その辺のことをもっと極端に歌っています。

世を捨てて山を住処《すみか》と楽しめば　月日の数を知らぬなりけり

つまり月日なんていうのも、社会的なものじゃないかということでしょうね。考えてみれば、対人関係というのがなかったら、私たちはどの程度時間を意識するでしょうか？「山中に暦日《れきじつ》なし」という禅語もありますが、三昧境《ざんまいきょう》にはもしかしたら時計なんか要らないのかもしれない。

曹洞宗の開祖である道元禅師という方は、『正法眼蔵《しょうぼうげんぞう》』という本のなかで言ってます。苟《いやしく》も仏道を志した者は、時間が過去から現在、現在から未来へと一方向に単純に流れるなんて思っちゃいけないって。

淀んだり逆流したり飛翔したり、時間ってけっこう大変な代物《しろもの》なのかもしれないですね。

## 人間にとって最大で最後の煩悩＝時間

道元禅師は『正法眼蔵』の「有時《うじ》」のなかで、「排列《はいれつ》」と「経歴《きようりやく》」という言葉で私たちの不思議な時間感覚のことを語っています。

「有時」っていうのは「ある時」じゃなくて「存在と時間」と考えるべきだと思うんですが、要するに私たちの存在というのは時間というもの抜きには考えにくい。私という存在を認識することじたい常に時間の操作においてなされているということです。その操作の主なものを「排列」「経歴」と表現されたんですね。

例えば、雑念のない三昧境、つまり流れない無漏《むろ》の時間感覚からすれば、私が寝たときは今日でしたよね。今から思うと昨日かもしれませんが、寝るときには間違いなく今日だったわけです。そして起きたのも今日です。実は私たちは今日寝て今日起きたんです。しかしそれだと疲れがとれないから、というわけでもないでしょうが、寝たときの「今日」と起きたときの「今日」を私たちは無意識に「排列」します。順番に並べるわけです。そしてその結果、「昨日寝て、今日起きた」と言うんですね。ここに最も短い歴史が語られています。そしてそう語られたとき、実は初めて時間は流れたことになるんです。

私たちはもっと長い時間についても語るわけですが、その場合は「排列」だけじゃなくて「経歴」という手法も使われることになります。

例えばこんなことを語ったとします。

「私は若いときとても苦労したけど、その甲斐《かい》あって今はとても幸せです」。なんかそういう言い方ってけっこう聞きますよね。別にその発言に文句をつけるつもりはありませんが、この言葉を聞くと私などは作られた物語という気がします。

もともとあらゆる言語表現はフィクションですが……、それはともかく、例えば「私は若いときとても苦労した」というのをウソだとは言いませんが、私としては「イイことも楽しいことも実はけっこうあったでしょ」と言いたいんですね。そういうのを全部省略してる。だって嫌なことも苦労もあったでしょうけど、たまには大好きな料理を食べたりお風呂にゆっくり入ったことだってあったわけでしょ。しかしそんなこと言ってたら簡潔な表現にならない。そのことだけで小説みたいな分量になっちゃう。だから私たちは日常の会話や文章のなかでは実に大胆な省略や並べ替えを行ってます。次の「その甲斐あって今はとても幸せです」というのもですね、今は本当に幸せか、というだけじゃなくて、「その甲斐あって」なんてあなたの勝手な思い込みでしょ、ということになるんです。だけど私たちの言葉というのは、こうした思い込みの文脈に従って選ばれるし、膨大な時間のなかからその文脈に合った「存在と時間」、つまり経験が選ばれてくるんです。その作業のことを、道元禅師は「経歴」と呼んだのだと思います。

もともとこうした意識の働きは、唯識仏教では「マナ識」と呼ばれています。通常「自己愛」とか「自己執着」の元になる深層意識と云われますが、「自己愛」というのは結局自己という存在に一貫性をもたせたいという働き方をするんでしょうね。「マナ識」は、全ての経験の印象が保存されている「アーラヤ識」の一つ上の層にあると考えられています。フロイトが言った無意識はこの「マナ識」のことだと思います。ユングになるとマナ識を個人的無意識としたうえで集合的無意識としての「アーラヤ識」を追究してきます。

ところで一貫性というのは、実は一つの文章を作るのにも必要になってくるものです。逆に言えば例えば「あの人はなんて優しいんだろう」というセンテンスを話しますと、むろん状況によっては優しくない時だってあるわけですが、そこは無意識に省略して、優しいと思える証拠だけを無意識に並べているわけです。

私自身のことで言うと解りやすいかもしれません。例えば私が芥川賞をいただいた。するとなぜか、子供のころ父親に枕元で童話なんか読んでもらったことを憶いだすわけです。そして小学校のときに書いた感想文なんかも、なんか上手だったと褒めてくれる人が現れる。中には高校時代の文集に書いた文章をコピーしてくる人まで出てきて、よってたかって私を芥川賞作家らしく仕立ててくれる。むろん私自身も、十年以上憶いだしもしなかった父親の読み聞かせを憶いだすわけですから、まあ同罪ですね。

ところが私が、例えば万引きで捕まったとしますね。そうすると今度も驚くほど多くの一貫性がまた見いだされていくんですすよ。あいつはそういえば子供の頃から手癖が悪かった。目つきも不穏だった。反抗的だった、なんてね。それはそれでいくらでも証拠があります。そして私は根っからの泥棒にされていくわけです。

歴史ってそういうものですよね。初めに文脈がある。そしてその文脈に沿った事実が「経歴」されていくわけです。

本当のことを言うと私は子供のころいつも「落ち着きがない」って通信箋に書かれていましたし悪戯好きだったけど、実は文章はけっこう褒められたりもしたんですね。だけど、そんな複雑なこと、普通の文脈では言わないわけです。解りにくいでしょ。私たちは他人にも一貫性というか、解りやすい文脈を求めています。イイ人と悪い人もはっきり分かれてほしいんですね。だからそうした文脈というのは、常にフィクションなわけです。

じゃあその文脈っていうのはどうやって決まるのか?　ということになりますが、これは信じられないかもしれませんが「現在の気分」で決まるんですね。過去というのは現在の気分に見合った材料だけを拾い集めて描いた風景画のようなものです。むろん未来というのも、現在の気分で、過去の材料をもとにして描くわけです。

してみると、私たちが意識する「時間」というものは、仏教的に言うとすでに自己愛の元になる潜在意識、「マナ識」が勝手に作り上げた文脈に沿って括《くく》ったものなんですね。私はこれを、人間の最大で最後の煩悩だと思っています。最後の、というのは、死の間際までなくならない、という意味です。ということはつまり、死の直前にはこの煩悩からも解放されるのではないかと考えているんですけどね。

しかしこの煩悩は人間だけのものでしょうね。「ああ、この一週間はキツかったなあ」なんて犬は考えないでしょ。「子供の頃はあちこち貰われて辛《つら》い思いもしたけど、最近はエサも悪くないしまあ幸せなほうだろう」なんてことも、犬は決して思わない。歴史的な認識というのは人間だけの煩悩と呼んでもいいと思いますね。「人間にとって時間は、幸福への最大の障害である」と言ったのはジャン・ジャック・ルソーですが、おそらくそうした煩悩をルソーも読みとっていたんでしょうね。

自分が存在した無数の時間を勝手な文脈で括るというこの無意識の行為が、私たちを「不幸」とも思わせる。だけど「ああ、なんて幸せなんだろう」って思うのもこの煩悩のお陰なんですから厄介ですね。

極楽というのは、そうして括られた時間への評価ではないと思うんです。難しいかもしれませんが、「排列」も「経歴」もしない、いわば流れない時間のことじゃないでしょうか。

## 過去は変えられる？

過去は変えられる、と言うと、大抵の人は疑いの眼を向けます。しかし私が仏教を本当に凄いと思ったのは、そのことを教えてくれたからのような気がします。

もちろん、例えば亡くなった人を生き返らせるとか、起こった戦争を起こらなかったことにするとか、そういう意味の過去の変質ではありません。ちょっと実際にあった話で聞いていただけますか？

うちの檀家さんですが、小学生と中学生の子供を二人残して、両親が相次いで亡くなってしまったんです。もちろん自殺とかじゃなくて、二人とも別な病気だったんです。父親のほうはスキルス性の胃ガンだったでしょうか。

とにかくそうして両親が亡くなってしまいましたから、小学生は親戚に預けられました。そして中学三年生だったお姉ちゃんは、成績もよくてもちろん高校を目指してたんですが、そういう事態ですから泣く泣く進学を諦めた。本当に悔しかったと思いますよ。結局彼女は、本当に辛かったと思うんですが、町内にある小さな工場に勤めたんです。

病気で亡くなった両親というのは全然悪くないわけですし、むしろ両親だって可哀相なんですが、しかしその子は両親を憎んだ。揃って早く亡くなってしまったことを恨んだんです。仕事がキツイときなんか特にそう思ったでしょうね。

ところが七回忌のときでしょうか。つまり彼女が二十歳を過ぎて間もない頃でしたが、彼女がニコニコして私に話すんです。「以前は親の死そのものを恨んだこともあった」って。だけどその後で彼女が言ったのは嬉しい言葉でした。「私は、生涯一緒に生きていく人と、勤めている工場で巡り会いました。だから今は、こんな幸せな気分になれたのは、両親が早く亡くなってしまったからなんだって、思えるようになったんです」。そう言って彼女は玄関まで行って彼を呼んできて、それから一緒にお茶を飲んだんです。

どうですか？　過去は変わったでしょう。辛い記憶が、いつのまにか幸せをくれる源になっていませんか？

惚れてはまれば泥田の水も　呑めば甘露の味がする

そう言ってしまえば身も蓋《ふた》もありませんが、少なくとも私たちが過去の出来事につけているラベルは変わるんですね。

なんというか、仏教とか禅がはっきりとどこかで「過去は変えられる」って言ってるわけじゃないかもしれないんですが、私はなんとなく長い間、いつのまにかそう思ってたんです。というか、まるでそうとしか思えないような爽やかな発言が多いんですよ。例えば大乗仏教の特徴である「煩悩即菩提《ぼんのうそくぼだい》」だってそうでしょ。煩悩が即ち菩提なんだって思える体験をした人がいたんでしょう。それから「歩々清風《ほほせいふう》を起こす」、一足ごとに清風が起こる実感。あるいは「露堂々《ろどうどう》」、何も包み隠しなく、全てが露わに見えてるじゃないか、という発見だってそうですけど、なにか過去まで塗り替えられるような体験があったとしか思えないような爽やかで自信に溢れた言葉ですよね。私にとっては、その女の子の体験もそういうものの一つに思えたっていうことなんです。

過去の記憶というのは、意識はしないでしょうが、殆どなにかラベルが付いてる。泣くとか笑うとか痛いとか痒いとか、そういうのはラベルじゃないですよ。それは一次感情というか無心の反応ですからどんどん泣いたり笑ったりすればいいんです。そうじゃなくて、ラベルというのは甘酸辛苦、あるいは幸不幸という判断です。もちろん味覚としての甘酸辛苦は一次反応ですが、甘い思い出とか酸っぱい思い出、あるいは辛かったり苦しかったりというのはすでにラベリング、判断です。

このラベルが変わるわけですから、過去の色合いは全く変わることになります。

## 父母の恵みや露のおきどころ

なんて句もありますが、彼との幸せな逢瀬を、父母の恵みと受けとれた彼女はやはり凄かったですね。私、本当に感動しましたよ。

時が経てば解決してくれる、なんていうこと、ありますよね。あるいは「時間薬」なんて言葉も聞いたことあります。私たちはたぶんたった今の気分でダイナミックに過去を括る生き物ですから、その「たった今の気分」が変わるのを待ちましょう、っていうことなんでしょうね。言ってみれば私たちは、常に「たった今の気分」という色眼鏡で過去も現在も未来も見ている。その色眼鏡が変わるんですから、なにもかも変わらないはずがないですよね。

「たった今の気分」が極楽になれば色眼鏡も素通しの透明になるはずなんですが、それが難しいからせめて好きな色の眼鏡で見直すことを勧めたいわけです。

時間にはもっと不思議な作用もあって、無意識に記憶を変質させるという面もあると思うんですが、それについては『御開帳綺譚』を是非読んでください。これはもう、時間と記憶のミステリーです。記憶そのものを供養しちゃう話です。

# 十三　「泣く」ということ

鳴くが真か、鳴かぬが実か？

さきほど「一次感情」という言葉を使いましたが、喜怒哀楽も本質的にはそうですよね。一瞬に押し寄せる感情というのは、喜びも怒りも悲しみも楽しいという気持ちも、これはある種の生命力の発露、いわば生理的な反応だと思うんです。

犬や猫ですと大概それだけなんでしょうけど、人間という生き物はそこにすぐ価値判断を持ち込む。先程の、過去の出来事にラベルを貼るということですね。過去のことばかりじゃなく、私たちは次々に善悪とか美醜とか好悪とか、じつに多くの価値判断をめまぐるしくしているわけです。

そして例えば、何かを嫌だと思ったとします。それを私たちは記憶して蓄積することができるんですね。別にそうしたくてするとは限らないわけですが、とにかく蓄積してしまう。そうするとやがて嫌だという思いが積み重なって「怨み」というものが生まれてくる。まったく反対側の思いが積み重なるとそれは「愛情」と呼ばれるものになったりする。「祈り」というのも人間にしかもてないものでしょうね。

このような、「怨み」「愛情」「祈り」などこそ、おそらく人間を人間たらしめる感情でしょう。私はそれを「二次感情」と言いますが、これほど素晴らしく、また厄介なものはない。

仏教ではそんなふうに思いを積み重ねることを「念」というんですが、もともとこれは非常に短い時間の単位なんです。「刹那《せつな》」とか「弾指《だんし》」と同じように、一つの心が宿る時間ですね。そして本来、それはころころころころめまぐるしく変わる。しかしその思いを繋げる、あるいは重ねていくということをやがて「念ずる」と呼ぶようになる。念ずることの一方のベクトルが怨みであり、反対向きのベクトルが祈りや愛なんだと思います。勝手な意味づけですが、私は「恋」はむしろ一次感情ではないかと思っています。

小見出しに掲げましたのはまたドイツの一部なんですが、全体はこうです。

鳴くが真《まこと》か鳴かぬが実か　蟬と蛍の根比べ

綺麗でしょ。まあ綺麗はいいんですが、ここでは「鳴く」ことが完全に戦術のように考えられていますよね。昔から、「女の泪《なみだ》に騙されるな」なんて云いますが、まあ、殆んど無意識にこの戦術を使われたら男はお手上げじゃないですかねえ。昔はとくにそうだった気がします。

しかしここで考えちゃうのは、最近は例えば目の前で泣く人がいた場合、私たちはそれが生理的な泪であっても、受け容れにくい意識になっちゃってるんじゃないかということです。どうしても「泪ながらに何かを主張している」と思っちゃう。そして「そんなの卑怯じゃないか」とまで思っちゃう。

つまり合理性を重んじる社会になりすぎちゃって、泣くことの正当性が見当たらなくなってしまった。本来は別に泣くにも笑うのにも正当性なんて要らないわけですよね、生理的なことですから。しかしそうじゃなくて何のために泣くのかって考えられちゃいますから、おちおち泣いてもいられない社会じゃないですか。ただ笑ってる人とかただ泣いてる人なんて相手にしてくれない。

そうすると泣きたいという一次感情まで瞬時に押さえ込まれてしまう。そうして溜め込まれたものが心療内科とか精神科の領域になっていくんじゃないでしょうか?

泣くという行為は、たぶんなんらかの意味で天からの恵みじゃないかと思うんですね。むろん医学で云う「蒸泄《じょうせつ》」行為、つまり水分を排出してることも確かですが、それだけじゃなくて何か言葉にできないものが通る。そんな気がします。

それにしても日本人は泣かなくなっちゃったですよねえ。

## 泣き女、泣き男

司馬遼太郎さんが何かで仰《おっしゃ》ってた記憶があるんですが、中世とか近世の人々はもっと泣いたんじゃないか、どうも近代になってから、特に男が泣かなくなったんじゃないかって。たぶんそうなんでしょうねえ。

武士道が、男は泣くもんじゃない、と言ってるような気もするんですが、やはりそれよりも合理的精神とか、あるいは富国強兵・殖産興業というような効率・目的意識のほうが大きいのかもしれませんね。泣いてどうなるのか、っていう歌もありましたけど。

ところで、泣くことがそうして「べき論」で考えられると、どうしても思いだすのは儒教の泣き女・泣き男ですね。儒教では、やはり泣くことがあまり肯定的には語られませんが、ここぞという時の泪は称《たた》えられます。つまり親や親族の死の場面ですね。

儒教には僧侶という役どころがありませんから、お葬式っていうと泣き女・泣き男を雇ってくる。昔の、例えば唐の時代の中国には泣き女・泣き男の番付表みたいなものがそれぞれの町で作ってあって、横綱・大関みたいなランクづけがあったそうです。そして予算に応じて雇ってくるんですね。うちは予算がないから前頭三人くらいにしとこう、とか。

このランキングが決められる基本はですね、如何に悲しそうに泣くか、っていうこともありますが、そんなものは正確な基準になりにくいでしょ、数値化できませんし。それで、何人がもらい泣きするかということで判断されたようです。だから横綱一人でも、その人が泣きだしたら全員がもらい泣きしてしまえば、さすが横綱っていうことなんですね。全員が泣いて、イイお葬式ってことになる。

しかし、こうして泣くことがある種儀式化してくると、泣くという行為の信用を自ら落としていくっていうと大袈裟ですが、泣いても心が動かされなくなる。元々他人の心を動かすために泣くわけじゃないのに、なんか泣くことじたいが白々しく見えてきてしまう。そういうことが起こるんじゃないでしょうか?

日本という国は、いつのまにか根深く儒教的な道徳を仕込まれてますから、そんなふうになってきたんじゃないかと思うんですよ。「男の子は泣くもんじゃない」とかね。まあ「男に二言はない」なんてのもやはり儒教的というか、武士道的美学ですよね。そんなことで苦しまないで、泣きたけりゃ泣けばいいんだし、気持ちが変われば二言三言と変更すればいいんですが、心の裡《うち》よりも行動の美学のほうを採るんですね。美学のために死ぬ、という人さえ、日本の歴史には大勢いたような気がします。

そしてそういうふうに男がなっていくと、女だけがそうじゃないはずはないと思っちゃうんでしょうねえ。そこんところが了見狭いと思うんですが、こうして男も女もなく競い合う世の中だとそうなっちゃうでしょうねえ。女が泣くことに対しても男は冷たい視線を送りはじめる。

まあ男っていうのは、昔から概念とか理想とかに縛られやすいんだと思います。それに対して女性や子供はどちらかというともっと一次感情を大切にする。別な言葉でいえば「自然」でしょうかね。だから昔から言うでしょ、「女子供には勝てない」って。それは「自然」には勝てないっていう意味じゃないでしょうか。

アメリカでウーマンリブと呼ばれる運動が起こって、それ以後なんだか男と女が競い合ってますよね。しかし一方では遺伝子の研究が進んできて、男と女の違いというのもだんだん明らかになってきている。やはり違うわけですから、異種格闘技じゃないですけど、本当は厳密にルールを考えないと競いようもないわけじゃないですか。

だけど単純に競っちゃうから「女だって泣いちゃいけないだろ」っていう論理になっち

ゃうんでしょうね。

うちの宗派の老師さまが仰ってましたよ。「同じ事を競い合ってするなら、結婚する意味なんかない」って。それぞれ別な能力を発揮するからこそ二人が一緒になることでものすごい幅ができる。

まあ、この問題にはあまり深入りしないでおきますが、ともかく一次感情のままに泣けたらどんなに楽でしょうねえ。私らがお通夜に行ってお経をあげるときは、できるだけ自然に泣けるようにと思いますよ。お経もお話もそうですけど、こちらが主張しすぎてもいけない。かといって私らがお経をあげることでようやく自然に泣ける、という存在感はなくちゃいけない。そんなふうに思ってますね。

泣きたいときは、泣けるのが極楽ってことでしょう。

## 泣かないと笑えない?

ところで人間が生まれるときは誰でも泣きますよね。泣かないとお尻叩いて泣かせたりする。まあ、生まれてきてすぐに大声で笑ったら気持ち悪いでしょうけど。母親も腰抜かすでしょうね。だけどあの時に泣くのは別に悲しいわけじゃないと思うんです。生命力というかエネルギーというか、いわば「氣」みたいなものがあの時初めて外に流れ出る。だから元気な子は大声で泣くわけですよね。

ところが大人になってくると、泣くというのは悲しい時ばかりだと思うようになる。もちろん嬉し泣き、感動の泪もあるわけですが、そういうのはなかなか号泣まで行きませんし、別にそっちのほうは否定もされない。だから否定されるのは悲しいときの泪です。これが抑えられて隠《こも》ると、やはり「氣」が詰まるというんでしょうか、なにか外へ出すべきエネルギーが隠っちゃう気がするんです。

もちろん無理に泣くことはありません。悲しいと泣く、というのも真実ですが、人間、泣くと悲しくなるという面もありますから。

ただ、例えば野口整体では風邪をひくとそのときに一緒に他の悪いものが出ていくと考えまして、時には風邪をひかなくちゃいけないっていうんですね。つまり健康な心身というのは、かなり上手に使っても時には出さなくちゃいけないような毒が溜まると考えるんです。泣くという行為にもそういう効果があるかもしれませんね。

よく大声で笑ってれば大丈夫だと思いますが、笑えない人ですよね、問題は。そういう人の中には、心の便秘っていうんでしょうか、一度大泣きして抜いてやらないと笑うこともできないっていう人がいるような気がします。

私は専門家じゃありませんから、そういったことに関してはもっと有効な言葉があるだろうと思うんですが、一回動物に準《なぞら》えてみると解りやすいことってありますよね。またドドイツで恐縮ですが、

わたしゃあなたに気は張りもみじ　鹿じゃなければど啼《な》きあかす

鹿の啼くのは求愛の表現が多いんでしょうが、鳥なんかでも啼く意味はさまざまですよね。つまり人間において「泣く」と「笑う」に分かれてしまった衝動が、動物たちでは「啼く」の一言で済んでしまってるわけです。動物の専門家によれば、笑うのは馬と犬くらいじゃないかと言われますが、一度写真で笑ってる犬というのを見たことがありますが、とても笑ってるとは思えないですよ。歯を剥いちゃって。まあそれはともかく、大部分の動物ではただ「啼く」だけなんですよ。

人間は「泣く」と「笑う」に分かれちゃいましたけど、まあ両方大事にすればいいんじゃないですか？　泣くも笑うも鳥なんかには全て囀《さえず》りなんですし。共に自然な生命力の発露と考えれば、それが出ていくことで入ってくるものが大いにあるような気がします。泣くことも笑うことも、じつに活発なエネルギーの動きですよね。

ところで動物の場合ですと、啼くのは大抵オスですよね。蟬も鳥も鈴虫も。哺乳類になると両方同じように啼きますけど、人間は泣くのはメスが多い。オスはあまり泣かない、というか、泣いちゃいけないと仕込まれる。私はね、これが男が女より早死にする理由じゃないかと、密かに思ってるんですよ。まあ発生学的にもメスが先ず発生してその一部がオスになるわけですから、オスというのはメスの奇形なんだと考えるとなるほど早く死ぬのも致し方ないかと思うんですが、なんかそれだけじゃなくて、この「泣くこと」も関係してるような気がするんです。考えすぎでしょうか？

# 十四　男と女の間

## 男と女は目覚めている部分が違う？

なんか話の流れで男女のことを言っちゃったら、すかさず来ましたね。困ったテーマだなあ。

昔流行《はや》った歌に、「男と女の間には、深くて暗い河がある」っていうの、ありましたよね。別に暗く受けとることはないと思うんですが、やはり河はある。私は基本的にはそんなふうに考えてますね。これは男女のことばかりじゃないんですけど、人間は全て違っていて、違うからこそ面白いと思ってます。

しかし一方では、人間の持ってる遺伝子は九九・九九パーセントまで同じだって云います。ところが持ってるものは一緒でも、目覚めている部分が違う。実は目覚めている遺伝子というのは全体の五パーセント程度だって云うんですけどね。

だから一言で言ってしまうと、基本的に男女は違っていると思いながら、しかし同じものを持ってるじゃないか、という思いも捨てないでおきたい。それが私の基本的なスタンスです。これ、逆だと全然違ってくるんですよね。みんな同じはずだ、という前提に立っちゃうと面白くもないし、たぶん苦しくなる。だって何事についても自分と同じように感じない人たちばかりでしょ、見回すと。

ウーマンリブという運動は、同じだという前提で出発しました。だから女性もボディービルで鍛えれば男性と同じような筋肉ができると思ったわけですし、そうなると女性に力がないと思うことも差別になっちゃう。だからアメリカでは、食事のときに男性が椅子を引いてあげたりすると、「私そんなに弱くありませんわ」と断る女性がいますね。ヨーロッパはそうでもないですけど。

「じゃあ、勝手にすれば」って、男も思っちゃいますよね。

まあそれまでの社会が決して男女平等ではなかったですから、あれも一つの反動として、通過しなくちゃいけないことだったのかな、とは思います。しかし、男女で競い合ってどうするんでしょうねえ。男同士も男女間でも、今はみんな競い合ってるような気がします。

男性の脳と女性の脳の違いみたいなことも研究されてますよね、最近は。例えば男性は地図を見るのがうまいとか、女性は右脳と左脳の橋渡しの部分（脳梁）が太いから感性と知性の混合度が男性より高いとか。まあ総じて言えば、左脳は論理的思考や言語機能、計算能力などを司って、右脳は音楽や絵画などのイメージ分野とか空間情報処理、あるいは表情の管理などを得意としていますが、男性はこの左右の脳を独立的に使うしかないのに対して、女性ではそれが複合的に働いてくる。その結果、大雑把な言い方ですが男性は抽象的・論理的な思考が得意で女性はもっと現実的だ、ということになります。もちろん個人差はありますけどね。女性のほうが方向感覚のない人が多いというのは、この脳梁が太いために主体と客体の区別がつきにくいからだそうですが、例えば霊能者に女性が多いというのも同じ理由なんですね。もちろん、ある種の訓練を重ねれば男性の脳梁も太くなったりするんでしょうが、こうした器質的な違いというのは簡単には同化できないでしょう。

こうしてだんだん違いが分かってくると、一概に同じであるべきだ、とばかりは言ってられないですよね。

こんなこと言うと顰蹙《ひんしゅく》を買うかもしれませんが、性衝動なども、歴史的に形成された違いっていうのがありますでしょ。つまり、女性はなんと言っても妊娠するという大きな違いがあります。だから女性は、性衝動の結果を我が身で実感できるわけですが、男の場合それがない。結果に対する実感がない。ということは、これはまあ他の動物ですよ、他の動物のオスと考えて怒らないでほしいんですが、子孫を残すためにあちこちに試みる、というのがオスなんですよ。あっ、怒ってますか？

だけど動物学からすればそうなんですよ。一夫一婦制に合わない部分があるわけです。まあそんなこと言うと、女性だって一夫一婦制の現在の在り方が合っているかどうかは判りませんけどね。昔の妻問い婚なんか、案外いい形かもしれませんしね。

とにかく違う人間どうしが一緒に暮らすのが夫婦という間柄ですから、やはり違うということを前提に協力しあっていくしかないでしょう。そしてその協力というのは、決して同じことを競い合うことじゃないと思いますね。

歌とかドドイツは、このテーマだと無数にありますから、却って出てきませんね。

## 女人禁制とは女性への敬意

最近は少なくなりましたが、よく「女人禁制《にょにん》」の場所というのがありました。例えば相撲の土俵とか霊山とか、ですね。あれを単純に女性差別と受け取って最近はどんどん廃止にしてきてしまったわけですが、私は違うと思うんですよ。いや、私が思う話じゃなくて、本来そうじゃないんです。

こういうことは本当はあまり話しちゃいけないんですが、この際名誉挽回のために申し上げます。あっ、つまり女性差別をしてると思われた男性の名誉挽回のためです。

男はですね、やはり女性の妊娠という事態に対して限りない畏敬の念を抱き続けてきたわけですよ。なぜかと申しますと、妊娠というのは異物を受け容れる行為だからです。むろん当初はそんな概念的な受け取り方ではないでしょうが、ともかく驚くべき事態ですよね。普通、私たちの体は、異物が入ろうとすれば免疫機能が発動して排除しようとします。ですから普通は異物が体の中で育つはずがない。しかし女性は、ある期間だけは異物の侵入を許すわけです。子供は異物じゃないだろって思うかもしれませんが、母親と子供というのは血液型が違う場合だってあるわけでしょ。通常は型の違う血液が出逢えば凝固するしかない。しかし女性の体には「胎盤」という凄いものがあるんですね。これが凝固させないカラクリです。胎盤は、いわゆる型によって違うものは通さないんですね。共通の要素だけを通す。そのお陰で、血液型の違う完全な異物であっても育むことができちゃう。

異物を受け容れてしかも育む能力。これは女性にしかないものです。おそらく仏教で云う「慈悲」というのは、この能力をモデルにしたんだと思うんですが、この能力を男たちは渇望《かつぼう》したわけです。

そして女人禁制にした場所で、男たちは女性の持っているこの能力を少しでも獲得しようとしたんです。あまり詳しく申し上げると、それこそ怒る人々がいるのでこのくらいにしておきますが、基本的には、女性に見られたら恥ずかしいようなことがそこでは行われていたんです。ちょっとヒントだけ申し上げると、霊山などで行われるのは生まれ直しのための儀式なんです。だから「恥ずかしいから入ってこないで」なのであって「穢れたものは入ってきてはいかん」というのはでっちあげです。しかしいつのまにか男たちもその本来の来歴を知らなくなってしまいましたから、簡単に謝って女人も入れるようにしちゃったんですね。

異物を受け容れて育むって、大変なことですよね。男の場合、大抵異物に出逢いますと支配下におこうとします。つまり同化させようとする。ですから勝負ですよね。勝てば支配できるし負ければ逃げる。逃げ切れなければもちろん同化されちゃうことになります。しかし女性は、異物を決して同化するのではなく異物のままで育んじゃう。これができたら人間の究極、と思ったんじゃないですか、昔の人は。仏像なんか慈悲深い観音様だけじゃなくて殆んどの菩薩像は古代インドの王族や武士の身分であるクシャトリア階級の女性を象《かたど》って作られてますよね。そこにはそういう背景があったのだと思います。

断っておきますが、これは女性原理についての話でありまして、個々の女性が必ず男性よりも慈悲深いという意味ではありませんので、お間違いなきようお願いします。

## 戒律と結婚の意味

そんなことを申し上げると仏教に詳しい方は、じゃあどうして仏教では女性の戒律が男性よりも多いのか、と仰《おっしゃ》るかもしれません。確かに釈尊の時代、男性の出家者である比《び》丘《く》は二百五十戒であるのに、女性の比丘尼《びくに》の戒律は三百以上あります。

これは大変難しい問題ですが、私はやはり、女性のほうが自然だからだろうと解釈しています。当時のインド、あるいは今のインドを見ても、女性差別というのは非常にありますので、そういう側面も考えなくちゃいけませんけど、しかし原理的にはそうじゃないと思います。

まえに「女子供には勝てない」という言葉を申しましたが、やはり内側からの欲求に素直に従う女性原理・子供の原理では、サンガ（僧伽）は保ちにくい。サンガというのは道を求めて和合しながら暮らす人々の集団ですが、これはけっこう目的意識の強い集団ですから、戒律というのはその目的を遂げるための具体的な行動マニュアルになります。

抽象的ではなくて、それどころかかなり具体的なんですが、やはり特殊な集団が社会に受け容れられるよう、社会性という配慮が色濃くあります。それにこの戒律はことあるごとに議論され、釈尊が結論して追加してきたというものですから、いわば概念化しようとするその隙間からはみでてしまった現実をなんとか今後は予防しようっていう性格のものなんですね。

ですから概念というものが身に付きにくい女性には初めから不利なんです。人間はたぶん、ほかの動物と同じように、本来は生まれてしまったから、内側からの欲求に従ってただ生きてるという存在なんだと思うんですよ。ただ生きて、ただ死んでいく。しかしそれでは辛すぎるというので、膨大な生きる意義の体系を作ろうとしたのが釈尊だと思うんです。しかし論理の体系というのは、どんなに整っていようと、最終的には自然と乖離《かいり》した部分を持たざるを得ないという宿命にあります。整合性があればあるほど、ですね。ですから女性には、不利なんです。ご理解いただけたでしょうか?

これまで、随分男女の違いばかり申し上げてしまいましたが、実は私たちの体には女性ホルモンと男性ホルモンが両方ありますよね。眉毛やヒゲは男性ホルモンですが、私だって髪の毛は女性ホルモンによって生えてきます。え? 生えてないじゃないかって? これはわざわざ剃ってるんです。放っておけば私だって生えてきます。

まあそんなことばかりじゃなく、例えば私は小説を書くわけですが、これも私には、かなり自分の中の女性性に拠っているんじゃないかと思えるんですね。だって小説には、むろんプロット（筋）を組み立てる男性脳も必要ですが、書いてる最中はやはり具体に寄り添いますし、目の前にあるものをひたすら慈《いつく》しむという女性脳の働きなしにはとても小説にならない。だから私は、エッセイとか論文はともかく、小説は女性脳のお世話になって書いてる気がします。一人の人間の中の男性性と女性性というのも、お互いに協力すると、思ってもみなかったことが出来るんじゃないでしょうか？

協力する、という言葉だと割とスムースに入りますが、よく喧嘩なんかすると「あたしをさんざん利用して」なんて非難しますよね。だけど平たく言えば、お互いうまく利用できたら最高の関係なんじゃないでしょうか？　ちゃんと利用しあえないから別れるしかないんだと思いますね。「利用する」って、嫌な言葉かもしれませんが、一度割り切ってみたほうがいいですよ。夫婦は一緒に暮らすことでお互いどこか我慢してる。だけど、お互い利用もしてるからやっていけるんじゃないでしょうか？

なんだかあまり仏教的じゃないですか？

だけど仏教そのものが、男性性と女性性の混合物じゃないでしょうか。だからこそ釈尊は、結婚しないという在り方で行けたと思うんです。一度結婚して、自分にはない価値観に触れる。そしてその後は、かなり概念的に女性性を追究したんじゃないでしょうか？　生身の女性よりも女性原理のほうが重要だったような気がしますね。まあ、人情よりも原理を追究したという意味では、男性的な人生を全うしたのかもしれませんね、釈尊は。

世界の仏教徒の中では日本の僧侶だけが妻帯するわけですが、これはかなり説明が難しいですね。どういうきっかけで、と訊かれたら親鸞聖人《しんらんしょうにん》にでも答えてもらいたいですが、その結果どうなったのか、ということについては私の師匠がこんなことを言ってくださいました。「大乗仏教が最もソフィスティケイトされた姿だろう」って。つまり衆生《しゅじょう》の悩みに対応するのが我々僧侶だとするなら、とても大きな苦悩を生みだす結婚生活に対しても、してみなきゃ応じられないだろって。そういう意味だと受け止めましたね、私は。

実際、全く別な育ち方をして別な考え方の人間が一緒にやっていくわけですから大変ですよね。だけど、物理学の相補性でも中国の陰陽でもそうですけど、違う者どうしだからこそエネルギーが生まれるんじゃないでしょうか?

しかし相補性にしても陰陽にしても、つまりどんな原理でもあまり原理に走ってしまうと女性にはキツイと思うんですね。やはり原理で割り切れない現実への視線というのが女性性への理解だと思いますから。

## 碧巌《へきがん》や無門《むもん》の門を打開して　四部録《しぶろく》で飲め鬼も仏も

誰の歌か分からないこんな歌があるんですが、『碧巌録《へきがんろく》』とか『無門関《むもんかん》』というのは我々の禅問答の問題に用いられたような禅の基本聖典です。文字通りは、それもいいけど『禅宗四部録』っていうもうちょっと実用的な聖典を集めた本も読んだほうがいいよ、って言ってるわけです。しかしその心は、実はそういう原理原則もいいけど、原理と現実と、四分六がいいよって言ってるんですね。男女関係もそうじゃないでしょうか？　惚れたハレたの時はともかく、一緒に生活を続けていく上では四分六がいいんですよ。男性からは原理四、現実六で眺めてみる。逆に女性からは現実四、原理六のつもりで見てみるんです。意識しなければお互い逆の割合になるわけですから。

まあ自分の言い分四、相手の言い分六でもいいでしょうね。なかなか難しいことですが。それから「鬼も仏も」というところが大事ですね。読み方はいろいろあるんでしょうけど、私には「徹底的に否定はしない」「無条件で肯定もしない」と読めます。非常に醒めた感じに聞こえるでしょうが、生活というのは基本的には醒めた眼で維持していくものだと思います。

最も利害の濃い夫婦という関係で極楽を築きあげるのは、これは極楽修行かもしれませんね。冷静な判断と絶えざる努力という、およそ極楽へ通じる道らしくない過程を経て辿りつくのかもしれませんね。

# 十五　子供と大人

## 大人は「無常」を理解する？

男と女の関係と同じように、人間は大人《おとな》になっても子供性をもっていたりするわけですが、私は、大人と子供の違いは「無常」ということを理解できているかどうかだと思っています。

「諸行無常」というのはご存じのようにお釈迦さまの世界認識の基本です。あらゆるものごとは変化し続け、片時も止まらない。単にはかないことばかりじゃなく、衰えたものがまた盛り返すのも諸行無常です。どちらのベクトル（方向性）でもいう言葉なんです。しかしいずれにしても、そのことを心底感じとることはけっこう難しいと思うんですね。

ところでお釈迦さまは、どんな心も実相つまり本当の姿ではなく、段階を追って別な姿を見せるのだということを示されました。私は、このことが実感できていれば所謂《いわゆる》「大人《たいじん》」の様相になっていくと思うんです。中国人の考えた「大人」というのは清濁《せいだく》併せ呑むスケールの大きな人間というイメージですね。相手の在り方や考えに反感をもった場合でも、自分の反応というか認識を絶対視しなければいろんなことを呑み込めてしまう気がするんです。

ちょっと解りにくいかもしれませんが、無常というのはちょっと継続的に何かを見ていれば誰にでも感じられることです。自分の周辺で起こることで認識するのは子供でも可能だと思います。家族が死んだり、友達と別れたり、植物の芽生えや枯死など、けっこう子供でも感じてますよね。だけど、そういうことを感じてる自分自身は、子供にとって意外に絶対的だと思うんです。三つ子の魂、百までって云いますが、普通は子供時代の思い出がそのまま抱え込まれて歳をとります。無意識に多少変質させることはありますが。だけど、その認識する主体がなんの屈折も挫折もなくそのままで、思い出だけがどんどん増えていっても私は大人になるとは思わない。

西欧的に考えると、いわば認識主体である自我（セルフ）が確立されることを成長といいますよね。確固としたセルフが想定されていて、そこに向かって子供の頃から伝統的な個人主義的教育法を施すわけです。

私の知人がドイツに嫁いで実際に経験したんですが、これは凄いですよ。お昼寝から目覚めた子供が傍に誰もいなかったら泣くじゃないですか。これはどこでもたぶんそうでしょう。それで隣の部屋にいた彼女は急いで子供のところに行こうとした。ところが肩を押さえて止めた人がいたんですね。旦那さんの母親、つまりお姑さんです。「こらえなさい。ここであなたがこらえなかったら、あの子は駄目になる」って、お姑さんは言ったそうですよ。日本なんかとは根本的に違う教育なんですね。我が儘《わがまま》も徹底的に叱られますよ。そうして押しも押されもしない、社会性のある自立した西欧人が出来上がるわけです。

日本人の場合は、そういう観点で見れば自己確立が遅いのかもしれません。しかし、これは仏教的な見方かもしれませんが、確立したと思った自己も無常なんですね。私は出来上がったとされる自己の確かさよりも、その自己が時と場合によっていかように変わるか分からないという「無常」の認識こそが大人のものだと思うんです。

## お釈迦さまが提案する「瞑想」

たとえば、アフリカでサイを一頭倒すのが成人の儀式だという部族があります。こうしたことも、これまでの自己のままでは成しえないことなんじゃないでしょうか? 自分の内部で、世界に対する認識が変容するような事件なんですね、きっと。

そうした通過儀礼というのは、時にはそれによって意識そのものが変容することもあると思いますから、一応有効だと思っています。しかし仏教的に言いますと、それによって獲得された新しい自己というのもまた疑わなくちゃいけない。何度かそういう体験をすることで、私たちの意識そのものも絶対的ではないんだと思うようになるわけですが、そうした認識に到《いた》る最も優れた方法論として、お釈迦さまは「瞑想」を提案してるんですね。

瞑想について言葉で申し上げるのはとても難しいですが、簡単に言えば、ふだん無意識でしていることをどんどん意識化していく行為ですね。たとえば呼吸。これは瞑想の入り口です。入り口からどんどん深い無意識の領域にはいっていくわけですが、やがては私たちの心を構成しようとする力、「行《ぎょう》」と云われるものまで意識化していこうというんです。これはお釈迦さまよりも随分あとに組立てられたらしい「十二因縁」、つまり心の輪廻と変遷を示した一覧の重要な要素ですが、ある意味では唯識《ゆいしき》で云う「マナ識」にも近い。要するに私たちが何かを認識する際には、まずこの「行」が働いて心の傾向を形作り、その傾向に感覚器である眼耳鼻舌身と意も従って、その傾向に合った材料を感覚器が拾ってくると考えるんですね。ですから仏教によれば、私たちが感じる音も匂いも景色も味も、また皮膚感覚も心も、誰にとっても同じに感じられるような客観的な情報ではないんです。

だって考えてみればそうですよね。同じ夕日だって美しいと思う人もいれば悲しくなっちゃう人もいるでしょうし、大きな音が必ずしもよく聞こえるわけでもない。聴きたい音があれば要らない大きな音を無視してちゃんと小さな音を聴いてるでしょ。匂いだって、これは最も測定しにくい感覚ですが、これだってとんでもない匂いが自分の状況次第ではいい匂いに思えたりする。味だってそうです。好きな人が作ってくれたお弁当なら、壊れた卵焼きでも美味しかったりするわけですし、皮膚感覚に到っては尚更ですよね。こういう圧力でこういうふうな触り方をすれば気持ちいい、なんてもんじゃないでしょう。好きな人に触られれば気持ちいいですが、嫌いな人に触られれば気持ち悪いってことになります。

こうした感覚器の一つとして、「意」というのも並んでるのが仏教の凄さだと思うんですよ。眼耳鼻舌身意をあわせて「六根」と云いますが、そこを通して情報が入ってきて「識」つまり認識や記憶を作るわけですが、この「意」と「識」が合わさって意識という言葉になる。そして、この六根に入る（六入）ときからすでに「行」に染まっているというんですから、意識なんてものは実に勝手なものなわけですね。

長々と書いてしまいましたが、むろん悟りの境地である涅槃に到ってないと大人じゃないなんて申しませんよ。だけど私としては、少なくとも自分の意識あるいは心の在り方が不変ではないという認識は、大人として不可欠だと思います。その認識が、謙虚さを生むんじゃないでしょうか？

ええ、大人は謙虚であるべきだと思いますよ。子供に謙虚さなんて求めませんが。こんなこと申し上げると前半で申し上げた反省についての話と違うじゃないか、と仰《おっしゃ》る方があるかもしれませんが、仕方ないんですよ、世の中には理不尽に反省を求められることが多いですから。ただ、反省したフリでもどこかで納得しないと気が済まないでしょ、単なるフリだと。おそらく反省するフリをしたあとで、人はなんらかの意識の変容という「無常」を体験して、単なる我慢ではない納得ができるんだと思います。

我慢はいけません。これは七慢といわれる増上慢《ぞうじょうまん》の一つですから、決してしてはいけない。無理無体な現実に直面したとき、心をそれに適応させる努力をしないことを「我慢」というんです。心や意識を変容させることで「我慢」などせずに済むのに、それをサボって怠慢してるのが「我慢」です。だから「我慢」は子供のすること。「我慢」を卒業したら大人といってもいいんじゃないでしょうか？

子供はそのままで極楽にいる時代があるのかもしれませんが、大人が極楽に辿りつくには心をシフトする能力が不可欠だと思いますね。

## 子供性を含みながら歳を重ねて深くなる

私の言ってること、ちょっとハードル高いでしょうか？　それじゃ大人なんていないいじゃないか、なんて思います？　もしかするとそうかもしれません。というのは、おそらく私自身が自分をまだ大人だと思っていないんでしょうね。というか、子供性を大事にしたがってる。

まえにも申し上げたと思いますが、私は人間が右肩上がりに上昇していくという構図があまり好きじゃないんです。つまり子供が未熟で大人は完成形という見方ですね。そんなふうに考えたらピークは一瞬であとはまた後退するわけでしょ。そうじゃなくて、五歳も二十五歳も六十五歳も八十五歳も、みんなその時々に完成形だと思いますから、違いはただ子供性の含有率ですよね。

孔子さまは五十で天命を知って、六十で「耳順《じじゅん》」と仰った。六十になるとどんな意見も「ああ、なるほどね」と言って理解でき、腹も立たないというんですから、これは一応完成形なんでしょうね。じゃあそのあとどうなるのかっていうと、七十は「古希《こき》」。これってそれまでの括り方と全然違うでしょ。人間の成長を表してた括りを諦めて、単に「珍しく長生きだ」って驚いちゃってるわけです。まあ孔子さんは七十四歳で亡くなりますから、それも無理はないかと思うんです。「耳順」以降の不遇な孔子の晩年を感じさせますよね。しかし私は、人間は加齢に伴って、老子の言うように「回帰」するという考え方が好きです。老子はある意味で子供の柔弱さを理想にしていますが、これは仏教が、確立した自己を逃げ水のような一時的な姿、つまり「虚仮《こけ》」なるものとして乗り越えていくのと通底しています。

子供の柔らかさというのを、子供は意識してませんが、大人はそれを意識的に回復していくんだと思います。そして大人というのは、無常なる心の一つの在り方としての子供性をちゃんと発揮できる。子供から大人になるというのは、別な在り方になるのではなくて、子供も含みながら拡がり深まる、ということであってほしいと思います。

子供らと手毬つきつつこの里に　遊ぶ春日は暮れずともよし

良寛和尚はいつも旅に出るとき『荘子』を携えていたそうですが、この方にも明らかに柔弱への回帰願望が窺えます。そしてほぼ天然に見えるほど、そうした老荘的な禅が実現してると思いますね。しかしそれは決して天然なんかじゃない。はっきりとした回帰の指向性があってこそ実現したものだと思います。子供性は、子供にとってはそれが全てですし何の余裕もないわけですが、大人にあっては楽しむべき一つのソフトかもしれませんね。子供にはアプリケーション・ソフトが少ない。

中国でいう「大人《たいじん》」というのは、先程も申しましたように元々「清濁併せ呑む存在」です。もしも子供から大人への成長が一つの方向への右肩上がりの変化だとしたら、なんだか清らかなものが濁っていく過程にも受け取れるじゃないですか。やはり清らかさを残しつつ、拡がり深まっていかなくちゃいけないんだと思いますよ。

## 親が輝くとき、子供は最も早く立ち直る

なんだか現実離れした話になってしまいましたが、現実の親子の関係で考えてみたいと思います。

親といえどもなかなか自分の意識の変容を経ていないことが多い。親になることで無論一度はそういう変質はあったのかもしれませんが、そのことが自我への無常観にまでは至っていないんでしょうね。つまり自分の認識も変わり続けるという柔らかな受け止め方になっていない。だから親といっても同じソフトを子供よりも上手に使いこなしてる存在に

過ぎない。それは、不幸なことに優劣に見えたりします。

そうすると親と子は、単に同じソフトのユーザーでありながら実績や実力の違う存在にしか見えなくなってしまいます。親も初めは余裕があるかもしれませんが、だんだん余裕がなくなってきます。

たとえば子供が二人いて、喧嘩してるとしますよね。その場合、喧嘩するのはよくないと、親は思います。やめさせようと思うわけです。しかし使えるソフトが少ないと、子供と同じ土俵に乗り込んでいくしかなくなってしまいます。つまり「お前等、喧嘩するんじゃない」と怒鳴る。これって、子供が喧嘩してた方法論と一緒でしょ。自分が正しいと思ったことを力任せに主張しただけです。子供たちは、その方法論で喧嘩を始めたわけですから、もし言うことをきいたとしたら、それは単に親の権力がまだ勝っていたというだけです。少し成長すると子供はすぐに見抜きますよ。「ああ、こうやって怒鳴ったり殴ったりして自分の正しさを主張してもいいんだな」って。

それじゃ大きな子供に過ぎません。なんの意識変換も子供にもたらさないどころか、却って喧嘩に筋金を入れてしまうわけです。

やはり大人なら、こういうソフトもあるんだぜってところを示さないといけませんよね。

知人で面白い方法を採っていて、人にも勧めている人がいるんですが、その人は子供たちが喧嘩し始めると、おもむろに冷蔵庫を開けて、買っておいたプリンを食べようって誘うんだそうです。まあ初めは、子供たちにも意地があるでしょうから喧嘩を続けてるわけですが、そうするとその人は、ぶつぶつ呟きながらも美味しそうに三人分のプリンを食べちゃうんだそうです。

翌日も喧嘩したらまた同じことをする。食べるほうもけっこうたいへんですよね。だけど大概三日も続けると子供たちも気づくそうです。「このままだと、喧嘩するたびに損する」ってね。このくらいの余裕が、大人には欲しいですよね。

それから最近は親離れ子離れができない、というようなことが言われますが、子供の自立はあくまでも親の側から促されるべきものだと思います。むろん、親はそれ以前に自立してることが前提ですが。動物を見るとみんなそうですよね。まだ親の傍にいたい子供を、親は理不尽とも思えるやり方で突き飛ばす。親が嫌がられるまで傍におこうとするから、出ていった子供も戻らないいんじゃないでしょうか？

このところ電話などで様々な相談をお受けするんですが、子供のことで悩んでいる親御さんがじつに多いですね。大抵は母親なんですが、しかもお母さんたちの言い方はちょっと屈折してるんです。「子供のことでご相談したいんです」と仰るんですが、多くのお母さんは「実は幾つになる子供が悩んでるんです」と仰る。子供が悩んでいるなら、子供さんに電話をかけさせてください、って私は言います。だって悩んでる本人の話じゃないと意味ないじゃないですか。

私としては、お母さん御自身の悩みだというなら聞けます。だって聞いてるだけで一時間くらいは経っちゃうわけですから、本人じゃない人の悩みについて井戸端会議したって仕方ないですよね。私だって時間が惜しい。

つまり問題は、お母さんたちの多くが、子供が悩んでいる場合、一緒になって悩んだ様子をすることが何かの足しになると思ってるっていうことなんです。

これは誤解だと思うんです。もしかすると、こうした誤解の背景には大乗仏教の責任もあるんじゃないかという気がします。つまり「自利利他《じりりた》」という、自ら利するだけじゃなくて他人も同じように利する、という理念は全くその通りだと思うんですが、『大般涅槃経《だいはつねはんぎょう》』その他に出てくる「自未得度先度他《じみとくどせんどた》」という言葉はちょっと怖い。つまり自ら未だ度することを得ずして先ず他を度す、っていうんですから、自分がまだ救われていないのに他人を救うことができると、そう受け取れますよね。

もともとこの言葉は、苦しむ人を見たら自分の状況に関係なく思わず手をさしのべてしまう、という私たちの内なる慈悲心を表現してると思うんです。つまり決して実践目標なんかじゃなくて、ただそういう部分がある、と言ってるに過ぎない。ところが大乗仏教というのは、在家つまり僧侶でない人たちが自分たちにできる仏道を追求した結果成立してきますから、そのうちにそこまで実践目標にしちゃうんですね。人助けは自分が救われてなくともできるんだ、と。けっして不安な人が不安な人を安心させられるはずはないんですが、しかし「自未得度先度他」と言われると、そう思っちゃいますよね。溺れそうになってる子供の所に泳げない親が行っても、かえって共倒れになるだけでしょ。一人ならなんとか助かったかもしれないのに、泳げない人がしがみついたもんだから二人とも沈んじゃう、てなもんです。つまり私が言いたいのは、悩んでる子供の横でなんの策もなくただ一緒に悩むというのは、助けにならないどころか却ってその回復を妨げるということです。子供が悩んでいる場合の親のとるべき態度は、そんなことに関係なく親だけは生き生きと輝いていることだと思います。

そんな残酷な、と仰るかもしれませんが、それこそ子供が最も早く立ち直る方法ですよ。大人はそんなことにも意識的であるべきだと思います。

## 脱皮する豊かさ……東洋的大人

もう一つ、これは親にも子供にも言えることですが、最近はいわゆる成長過程での通過儀礼というのが重視されない。さっきサイを一頭倒すという例を申し上げましたが、そういうことが今の日本にはない。このことで、人は生まれ変わるチャンスを持てなくなってるんじゃないかと思います。

最初に申し上げた釈尊の、瞑想による意識や心の変容の体験はそうそう簡単に味わえるものじゃない。だから現実の私たちは、解脱なんて程遠いわけです。しかしそんな私たちを外側の環境から変化に導いてくれるのが、通過儀礼だと思うんです。

たとえば昔の「元服《げんぷく》」、それが済めば一人前として親の名代《みょうだい》を務めた。しかもその際は幼名を改めて別な名前になった。これって生まれ変わりですよね。周囲がそう仕向けてくれたから本人も大きく変化できた。我々僧侶の世界ではこうしたことが今も生きてます。得度《とくど》して仏教徒になると得度名を頂きますし、修行に行って戻ると親といえども僧名で呼んでくれます。

一般の家庭ではいつまで経っても生まれたときに付けてもらった名前で呼ばれるわけですが、そのことで、否応なく無理な一貫性に縛り付けられている気がします。たとえば、子供の頃万引きして洟垂《はなた》らしてたような子供はどうなるんですか？　そんな子供の頃との一貫性なんて要らないのに、ずっと同じ名前で生きなきゃならない。生まれ変わるチャンスが、社会システムとして皆無なんですね、今は。

やはり東洋は、自己を確立するだけじゃなくてその後の脱皮が大事なんだと思います。成長するためにも脱皮するわけですが、脱皮というのは、ある意味で余計な付着物をどんどん脱いでいく回帰でもあります。

よく目出度い席の料理にはエビがでますが、昔エビが目出度かったのは腰が曲がってるのにぴょんぴょん元気に跳ね回るからだったんですね。歳をとってもこれでこそ目出度い、と。しかし最近は歳をとっても腰が曲がってない人が増えたので、その説明では納得できなくなってます。で、どう言うかといいますと、エビは死ぬまで脱皮し続けるから目出度いっていうんです。

確固とした人格が想定されるまえの江戸時代には、一人で多くの雅号をもってる、というようなことが知識人の間には普通にありました。しかし同時に様々な名前を使う豊かさだけじゃなくて、次々に脱皮して名前を変えていくというのも、もう一つの豊かさですよね。いずれにしてもアイデンティティーなんてものに拘《こだわ》ってたら出来ない生き方です。

もしかすると、アイデンティティーというのが、東洋的大人になりにくい鎧《よろい》のような役目をしてるのかもしれませんね。

ともあれ大人にとっての極楽は、行ったことのない見知らぬ場所というよりも、脱皮して回帰していく懐かしい場所なんだと思います。

# 十六　老いてから生まれる輝き

## 向上しつづける判断力

人は生まれて子供から大人になり、やがて老いて病んで死にます。お釈迦さまはこの「生・老・病・死」の四つ全てを苦しみとされた。老・病・死が苦しみなのは分かりますが、どうして生まれることも苦しみなのでしょう？　これは輪廻《りんね》の考え方が背景にありまして、つまり生まれるというのは前回の生で卒業できなかった「業《ごう》＝カルマ」を背負っての誕生なんですね。

そのことは深入りしませんが、まあ老いや病や死を抱えた存在として生まれるわけですから、単純にそう考えても「苦」であることにはなると思います。しかしともかく私たちは、幾つまで生きられるか分かりませんがこの人生を謳歌するしかない。その際に、人生そのものをどんなふうな流れとして考えるか、というのは大事なことだと思うんです。

以前、たしか奈良の薬師寺の和尚さんだったかと思うんですが、人生を四季に喩えて話されていて、とても安らかな気分になったことを覚えています。それによると芽が出て膨らんで、いろんな可能性が芽生えてくる春は、生まれてから三十歳まで。花も大部分は春に咲きますね。そして夏は、その枝葉がどんどん茂って成長を続けるわけですが、これは六十歳まであります。長い夏でしょ。もちろんこの時期に花咲く人もいるわけです。そして秋にはこれまでのしっかりした枝葉から実が稔ります。人生の果実は六十一歳からなんと九十歳まで採れ続けるわけですね。そしてこの時期にはご存じのように紅葉します。まあ常緑の木もありますが、美しく紅葉する木が多い。そしてこれは花よりも美しい。なぜかと申しますと、花は、生物としては飽くまでも花粉を媒介してくれる虫とか蝶とか鳥に、自己アピールしてるんですね。自己主張のための美ですから、なんとなくあざとい。しかし紅葉というのは死に行く途中の葉の様子が、たまたま美しいだけです。禅では「山色《さんしき》清浄身《しょうじょうしん》」という言葉を珍重しますが、美しく見せようなどという意図が全くないからこそ清らかで美しいというんです。それが晩年の美しさでしょう。

冬は、九十一歳から百二十歳までだそうです。この時期は感謝に過ごすわけですが、同時に、次の春の準備が始まっています。寒風に枯れ枝を晒《さら》しながら、じつは来年の花芽が準備されている。そのことをどう考えるか、ですね。つまり決してその冬で終わりじゃないということが示唆されている気がします。

そんなふうに人生を捉えて、ゆったりと送りたいものですが、普通はなかなか冬まで行きません。しかしこれも、人生の捉え方そのものに左右される点も多いような気がします。今はどうしても西欧風の考え方が強くなっていますから、人間は不完全な状態で生まれ、やがて合理的精神を身につけてしかるべき自己を確立し、そしてその自己が衰え、崩れるように死に至ると考えがちです。つまり人生のピークを、合理的な自己を目安にして測りますから、随分早い時期にピークが来てしまうわけです。ですから、晩年の見方がどうしても消極的になります。実際、計算能力とかロジカルな思考力というのはある時点から衰えるそうですが、現代の社会はあまりにもそうした価値観ばかりで動いていますから、お年寄りが自らの衰えを感じやすいんですね。

しかし脳の仕組みから考えた場合、生まれて間もない脳には殆んど弁がないため、ある種の流動体としての情報伝達が可能だと考えられてきてるんです。成長に伴ってできてくる無数の弁は、いわば情報が一方通行しかできなくなることで論理的思考を可能にする。ですから言語表現も可能になってくるわけですが、流動体は流動体で一瞬にして全体に情報を伝えるという特性をもっています。だから子供は、表現はできなくても感じてはいるんですね。弁が少ないほど、一瞬に全体を感じとる能力が高いのかもしれません。そして加齢によって、ある意味ではこの弁がはずれて子供の状態に近づくわけですから、そのことを単なる衰えと見るのは、子供を不完全だと見る見方と同じです。

歳をとるに従って、総合的な判断力は向上しつづけるのだと思います。総合的な判断力というのは、別な言葉で言うと「勘」かもしれない。

社会がそれを活かすシステムを持っていないことは確かですが、個人の自覚としてはそう思っていて間違いないと思ってます。

静岡県の奥山半僧坊方広寺の管長をされていた足利紫山《あしかがしざん》老師という方はこんなことを仰《おっしゃ》っています。

六十七十　洟垂れ小僧　男盛りは百から百から

因みにこの方は安政年間から昭和三十年代まで、百年以上生きられたのは言うまでもありません。やはり長生きした晩年にしか分からない境涯ではありますが、こんな長生きも、この言葉のような考え方をしていたからこそできるんじゃないかと私は思うんです。

## 日本には「翁」という思想がある

先程、総合的判断力とか「勘」とか申しましたが、脳の研究のほうからは「結晶化知性」という言葉が提出されています。ほぼ同じ意味ですよね。さまざまな経験や情報を偏《かたよ》りなく、結晶させるようにして見る力です。これが晩年も上昇しつづけると云うんです。自信をもっていただきたいですね。

ところで禅では、こうした練り上げられたお年寄りの魅力を表す言葉がいろいろありますが、「閑古錐《かんこすい》」というのは面白いでしょ。古くなって先が丸まっちゃったような錐《きり》のことです。なんだ、それじゃ役に立たないじゃないか、と思われるでしょうが、役に立つなんてことは極めて効率的な価値基準での見方です。古くなった錐は確かに世間的にはそうかもしれませんが、世間の価値基準が正しいと決まったもんじゃないわけです。別な使い方が思いつかないからそう思うだけですもんね。

閑古錐は、なにより人を傷つけない。

若いときの「勘」は非常に思い込みが強く、総合的とは程遠いですから、往々にして人を傷つけます。しかしお年寄りの勘は、もっと円満なんですね。

「松老雲閑」なんていう言葉もあります。「松老い、雲閑《しず》か」と読みますが、年輪を経た老松の背後に、雲が閑かに流れている情景です。自分の感情の閑かな動きを、雲を眺めるように余裕をもって見つめていますね。長い人生のなかで、さまざまな価値観の変容を体験し、この世間の価値観がどうしても「虚仮《こけ》」と呼ばれる変転きわまりないものだと深く認識してるからこそ、この余裕が生まれるんだと思います。

だいたい歳をとるとだんだん頑固になる、なんて云われますが、周りが尊重してくれないから本人も必死になっちゃうんでしょうね。だけどお釈迦さまを見てほしいですね。お釈迦さまが亡くなったことは特別に般涅槃《はつねはん》と呼ばれますが、八十歳で亡くなってますから、まあ晩秋の般涅槃です。しかし最後の最後まで盛んに説法されながら行脚《あんぎゃ》してますよね。しかも『法華経《ほけきょう》』や『涅槃経《ねはんぎょう》』、『遺教 経《ゆいきょうぎょう》』のような説法を最後の最後までし続けています。

『法華経』などはとても喩え話が多く、二十代に読んだときは少し退屈な感じもしました。若いときにはむしろ、哲学的な『華厳経』なんかのほうが面白かった。しかし四十過ぎてからあらためて読んでみると、様々な比喩がじつに胸に沁みるんですね。

例えばあるお医者さんの子供が病気になった。それは大変な難病であるためすぐに薬を調合して飲ませようとしたけど、これが飲まないんですね。だからと言って父親は病気の深刻さを告げようとはせず、大切な用事だからと出かけてしまうんです。そして父親死亡の知らせを届けさせる。そこまでしてようやく子供は、出かけるまえに父親が真剣に話していた薬のことを憶いだしてそれを飲むんです。そこまでしなきゃ分からない子供、いや人間がいるのかと一瞬思うんですが、考えてみれば自分だって、今の考え方になるまでにどれだけ廻り道をして、どれだけ周りの人々に迷惑をかけてきたか、と思い至るんです。またいろいろ迷っていたときの自分も、親たちからすればその子と同じように見えてたんだろうな、と思う。

お釈迦さまの使われた比喩というのは、具体性をだすための喩えなんてもんじゃなく、問う者の意識をさっと別次元に運んじゃう力がある。全く凄いと思います。

こうした力も、やはり円熟したお釈迦さまでこそ、という気がします。歳をとることが決して衰えじゃないと、お釈迦さまの人生からも感じるんです。

それに日本には昔から、「翁《おきな》」という思想があります。これこそ円満な智慧と優しさを具現化した象徴的な人格ではないでしょうか。翁はいわば最も神に近い。清らかでしかも慈悲深い存在です。こんな晩年の景色が日本には元々あるんですから、お年寄りにはもっともっと元気を出してほしいですね。最後に一つ、威勢のいいドドイツを申し上げておきましょう。

老いて居れどもわしさえ行けば　釈迦も達磨も命がけ

心意気だけでもこんなふうに威勢よく、生きていただきたいものです。言ってみればお釈迦さまだって、三十五歳でお悟りを開かれたといいますが、心のなかの平安を現実の楽土に反映させるために長年を要したわけでしょ。少なくとも私は、老いるほどにお釈迦さまは熟成されてきたと感じています。だから年をとるほど極楽に近くなるというのは、ふつう言われる意味じゃなく老年の輝きのことだと思いますよ。

## 平均を意識しない生き方をする

老化のシステムについてはさまざまな研究がなされていますが、まだ今ひとつ解らない。つまり遺伝子というのは、新しい細胞がコピーされる場合の原図みたいなものですが、ご承知のように遺伝子は歳をとらない。それならコピーされる細胞もいつまでも若々しいはずなんですが、いつしか皺ができたりシミができたりする。この理由は今のところ謎なんですね。一応、例えばハンコなんかでも何度も何度も押しつづけているとだんだん印影がぼやけてくるでしょ。ハンコが目詰まりしたりすり減ったり。そんな理由で、遺伝情報も不完全になっていくのではないか、なんて、非常に心情的な解釈になってるんです。ほかに内分泌が衰えて恒常性が保てなくなるという内分泌説、あるいは神経内分泌調節不全説、また免疫が自己を攻撃しはじめるという自己免疫説などがありますが、今ひとつはっきりしない。

　そんななかで、世界には面白いことを研究する人がいるもんで、確かアメリカだったと思いますが、「老化するのは気のせいじゃないか」という仮説でまじめに研究してる研究者たちがいるみたいなんです。

　彼らが行った実験というのは、八十歳以上の皆さんを五十人ほど集め、彼らが二十代の頃の環境を再現した場所に確か五十日間住んでもらった。環境の全てがいわば六十年前の景色ですから、テレビを点《つ》けてもラジオを点けてもその頃の番組をやっていてその頃の音楽が流れる。カーテンの柄も冷蔵庫もその頃流行したものです。あれっ？　六十年前には冷蔵庫はあったんでしたっけ？

　ともかく彼らが青春を謳歌した環境をそのまま再現し、そこで新しい共同体みたいに暮らしてもらったんですね。

　人間の老化度を測るのに、最も信頼できるのは「皮膚圧」らしいんですね。肌の張り、です。それでそこに入るまえに皮膚圧を測りまして、むろんそのほかいろんなデータをとったと思いますが、五十日後にまた測ってみた。するとあら不思議、八十代である方々の三〇パーセント以上が、二十代の皮膚圧に戻っていたというんです。信じられますか？

私は信じますね。たとえば私が僧堂に入るまえ、二十代後半だったんですが、だいたい初めて会った人には三十代後半に見られました。まあ私自身も年上に見られたほうが都合がいいという感じがあったんです。しかもいわゆる世間で仕事をして暮らしてましたから、年齢というのは否応なく毎日意識する。皆さんもそうだと思うんですよ。意識というより、殆んど無意識だと思いますが、私たちの日常には根深く年齢意識が染みこんでます。人と会ったって自分より上か下か無意識に測ってますし、ちょっと疲れを感じたりすると無意識に自分の年齢を想って合理化したりする。そういうもんだと思うんですよ。

ところが僧堂という場に入ると、年齢が全く関係ない。経験年数至上主義ですから「一日早ければ一日の長」なんです。だから私の場合、先輩は殆んど年下でしたし、後輩に六十歳の人が入ってくれば新入りとして鍛えなくちゃいけない。私にとって、あれほど年齢の関係ない社会はなかったんです。そして三年経って出てきてみたら、あら不思議。三十歳になっていたのですが、今度は逆に二十代にしか見てもらえませんでした。それは三十代後半まで続いたと思います。

まあ最近は、あんまり若くも見られませんが、私はやはりあの時の経験から、人間は社会的に歳をとっていくのだな、と思います。つまり、もう四十になったんだから、こんなことしてはいられないとか。あるいはもう五十過ぎたんだからこんなふうにならなくちゃいけないとか。これは社会が暗黙のうちに寄越《よこ》すメッセージです。それを私たちは殆んど無意識に受け取ってるんですね。

そう思うほうが自分が気楽だから、という面もあると思います。たとえば、もう六十歳になったんだから雑巾がけはしなくていいだろう、とか。もう七十歳になったんだからバイクに乗るのは止めようとか、ですね。年相応の様子になったほうが恐らく気楽なんですよね、この社会は。

しかしこれも十二因縁の「行《ぎょう》」みたいなもんだと思いますよ。「行」というのは感覚器さえも支配下においてしまう自分では意識できない心の構成力ですが、年齢感覚というのも「行」として働いているような気がする。

社会に生きてると、年齢を忘れるなんてことは至難の業ですが、それでも意識して忘れるようにしたほうがいいと思うんです。

自分の寿命についてもそうです。大抵平均寿命くらいに無意識に想定してるんだと思いますが、夢はもっと大きくもったほうがいい。だってこの平均寿命という情報も、殆んど無意識に心の深層に染みこんでその程度だと思い込んでるんじゃないでしょうか。だから、次のような話も知っておいてほしいんです。

先日、読者の方から手紙をいただいたんですが、そこには日本一長生きした人に関する古文書の写しと昭和三十年代の新聞のコピーが入っていたんです。それによると、江戸の永代橋《えいたいばし》という橋が再建された天保十五年（一八四四）、幕府の肝いりで日本一の長寿者を探したんだそうですね。しかも夫婦揃って長生きがいい、ということで探させた。橋の渡りぞめをしてもらおうということだったんですね。

そして見つかったのが満平さんという方なんですが、私の知る限り、この人が今のところは日本一の長生きです。いいですか、二百四十三歳です。

信じられないですか？　しかし幕府を謀《たばか》ったら打ち首ですよ。それにその時の奥さんや息子夫婦、孫夫婦の年齢もちゃんと記録に残っています。信じていただくために一応正確なことを申しておきますと、奥さんは後妻でして百三十七歳ですが、倅《せがれ》万五郎百九十三歳、倅妻百七十七歳、孫万九郎百五十六歳、孫妻は満平さんの後妻さんと同じ百三十七歳と、記録されてます。

別にそれを意識して目指さなくたっていいんです。ただ平均寿命というか、平均なんてものは自分のことじゃないと、心の底から思ってたほうがいい。それには普段から、常識だからといって鵜呑みにしない覚悟というか、根性が必要です。常識にはずれたことは我々を本当に若返らせてくれますよ。例えば若者を心底尊敬するとか、あるいは年寄りを叩く……、これはちょっと難しいですね。その効果は道場で実験済みですが。なにしろ年齢にあまり関係ない時間をより多く過ごすことですね。坐禅もそういう時間です。

気のせい、と申し上げましたが、普段これが自分の気持ちだと思っているよりずっと深い無意識のなかで年齢意識は働いてますから、これはなかなか手強いですよ。でも心がけて、それが無意識に浸透してくることを、私は信じて暮らしたいと思います。

「涅槃」というのは火の吹き消されたような平安な状態だと申しあげましたが、此の世の涅槃としての極楽はけっして老いた世界というわけじゃない。潑溂として若々しい生命力に溢れた状態だと思うんです。べつな言い方をすれば、極楽は社会性を跳び越えたところに見えてくるんじゃないでしょうか。

# 十七　幸と不幸

## 幸福を目指すほど不幸になる？

以前、人間の一次感情と二次感情という話をしたかと思うんですが、いわゆる喜怒哀楽というのは一次感情でしたよね。これはどんどん喜んだり怒ったりするしかない。まあ、別にどんどん怒らなくていいですが、ある意味でそれは避けられない感情なんですね。

しかし人間は、これらの一次感情の記憶をもとに、もう少しややこしい感情を作り上げます。例えば甘酸辛苦という言葉を味としてではなく読んだ場合がそれです。辛苦は「つらい」「くるしい」になりますよね。その反対の「甘い」という状態が、世に言われる「幸」で、辛苦が「不幸」じゃないでしょうか？

一瞬一瞬の「念」は、さほど重いものじゃなくとも、人間はそれを積み重ねますから

「恋」という一次感情も「愛」という厄介な二次感情に高まりますし、「嫌だ」という一次感情は「憎しみ」という二次感情にまで育ちます。祈りというのも、だから人間独特の高貴な二次感情なんですが、要は「怨み」や「憎しみ」と反対のベクトルの二次感情ということですね。以前もお話ししましたよね。

幸・不幸というのは、まずこの二次感情であることを理解してください。つまり自分の身に起こった出来事に対する単純な反応としての感情ではないということですね。

皆さん感じてることだとは思いますが、同じように失業し、同じように地震で家が潰された人でも、必ずしも同じように落ち込みつづけているわけではないですよね。むろん失業や地震の当初は一次感情としてのどうしようもない無力感に誰でも襲われると思います。しかしそのまま泥沼に沈むように自殺してしまう人もいる一方で、なかには「あのことがあったお陰で私は今これまでにないほど充実している」という方もいらっしゃるわけです。ほんとに不思議ですが、つい数カ月まえまで「もう再起不能だよ」と泪《なみだ》ながらに話していたような人でも「もう私は大丈夫。今になってみるとなぜあんなに思い詰めてたのか自分でも解りませんよ。考えてみりゃあ、大したことじゃないですよね」なんて言いだす。

つまり幸・不幸というのは、起こった出来事じたいじゃなくて、それを受け止める人生観次第っていうことになりませんか?

だいたい幸せっていう概念は、それだけでは意味不明です。中国人はその代表的なものを「福・禄・寿」で表現しましたが、禄はお金、寿は長寿ですよね。福というのは中国の場合、子孫繁栄かもしれません。しかしそんなふうに限定されたとしても、幸せというのは永遠の目標です。というのは完全に叶うということがない目標だからです。

思うこと一つ叶えばまた二つ　三つ四つ五つ　六《む》つかしの世や

って言いますが、人間の欲望にはキリがないわけですから、実は幸福を目指せば目指すほど不幸になることになっているんです。こんな歌もあります。

梅が香を桜の花に匂わせて　柳の枝に咲かせてしがな

欲望にはキリがないですから、幸福というのは、目指しちゃいけないんですね、根本的に。だって目指して叶った目標は、すぐに上方修正しちゃうでしょ。次々に上方修正した目標を目指しつづけるから「慢性的不満」つまり不幸だという感じになるんじゃないでしょうか。

## 幸福と楽との違い

仏教は苦からの解脱《げだつ》を目指したわけですが、どうも誤解されて困るのは、苦のない状態は「楽」なのであって、幸福ではないということです。

幸福というのは、今申し上げたようにイメージがはっきりしない上にキリがないものですが、「楽」というのははっきりしてるでしょ。身体や心に訊けば分かるものだと思います。

これまでも此の世の極楽について、いろんな角度から申しあげてきましたが、もともとこの「楽」という字は木の台の上に置いてある太鼓を、両側から叩いている姿を象ったものですから、基本的に「楽しい」んです。音楽も聞こえてきます。また楽しんでいますからリラックスしてもいる。そんな意味合いの文字ですから、キリがなくないですよね。

楽しくてリラックスしている状態については、まえに脱力のところでも申し上げたと思いますが、これは安心してるし重心も低い。意識の在処《ありか》が頭じゃないんですね。だから身体的にも極めて安楽なんです。それこそ神さまとの筒抜け状態ですし、そこに慈悲も智慧も発現するんだと申し上げたと思います。

思いも過去や未来ではなくて今という瞬間にあるからこそ楽しい。楽しいっていうのは考えてそう思うわけじゃないですよね。これは身体と意識が分かれていない状態だと言ってもいい。全身的な反応なんです。

いわば考えてなくて、楽しさを感じたり味わったりしてるわけです。

幸福というキリがないものじゃなくて、この楽を目指せばいいんですよ。仏教で云う「極楽」は、安楽の極みなんですから、これ以上のものはないはずなんです。どうも最近はこの「極楽」っていう言葉が人気なくて、仏式のお葬式の弔辞でさえ「天国」なんて言われることが多い。あるいは神式の「泉下《せんか》でお休みください」とかね。

極楽よりも天国に人気があるように、楽よりも輸入ものの幸福のほうが好きなんでしょうね。

しかしこの楽というのは実に素晴らしいものなんです。幸福は飽くまでも欲望の延長。子孫繁栄とか富とか長寿とか、自分の外側に求める態度であるのに対して、楽こそそうした求める心が止んで内側から充足してる状態じゃないでしょうか。そしてそれこそが、仏教の目指すものです。英語の「ハッピー」というのは幸福じゃなくて楽のイメージですよね。なんとか仏教的極楽を見直していただきたいものです。

## 「すでに全てが与えられている」という自覚

しかしそれでも私は幸せになりたい、どうしたら幸せになれるのか、と訊く人はいると思うんですが、私としては極楽のイメージで答えるしかないんですね。つまり、「すでに全てが与えられている」という自覚だと思います。まあ、自覚といっても、実感がなければまずはそう思い込んでいただきたい。そう信じてほしいということです。

禅に限らず、宗教というのは恐らく自らの内なる富に気づくための道だと思うんです。禅では「無事是貴人《ぶじこれきにん》」という言葉で幸福な人間像を提案しますが、「無事」というのはまえにも申し上げた「外側にあれこれ求める心がストップした状態」です。カール・ブッセの「山のあなた」でもメーテルリンクの「青い鳥」でもそうですよね。遠いところにあると思ってた幸せが、実は青い鳥が自宅にいたようにすぐ近くにあったという結論になっています。

人間の遺伝子がじつは五パーセント程度しか目覚めていないという話は、まえにもしたかもしれませんが、「すでに与えられている全て」というのを遺伝子と考えても構わないと思います。自分の状態をそのままにして外であれこれ探すより、自分そのものを開発する。つまり新しい遺伝子を目覚めさせたほうが豊かになりますよね、考えてみても。

だから自分になにか辛いこと苦しいことが起こった場合でも、それを乗り切る力はすでに与えられていると信じてほしいんです。私は、自分に乗り切れないようなことは決して起こらないと思うことにしています。

そして苦労してそれが乗り切れたということは、もしかすると新しい遺伝子が目覚めたってことじゃないでしょうか？

そう考えると、起こった事態に対して幸・不幸を考える必要もないですよね。

漢学者の熊沢蕃山がこんな歌を詠んでいます。

憂き事の猶《なお》この上に積もれかし　限りある身の力試さん

まあここまでの達観はなかなかできないかもしれませんが、起こるべきことを選ぶことは人間にはできないわけですから、こんなふうに思ったほうが楽しくなりませんか？　なにごとにつけても、特に不可抗力的なできごとならなおさらですが、楽しく受けとめることができるよう、心をシフトすることが大事ですね。楽しさが極楽の入り口です。

## 自分に起こることには、全て積極的な意味がある

そんなこと言われたって今苦しい、この事態はどうすればいいのかと訊かれるかもしれません。

大抵の人は、悩みや苦しみというのは解決すべきものだと思っています。しかし私は、自分の過去を振り返っても、解決したわけじゃないというケースが数多くあります。解決したんじゃなければ、じゃあどうなったのかと申しますと、いつのまにか消失した。言葉を換えれば「気にならなくなった」んです。

そんなことを申し上げると社会運動をしてる方に叱られるかもしれません。例えば工場の排出する毒入りの廃水をなんとかしてほしいと運動してる方とか、そんな方にとってはそれをなんとかすることが付近の住民の「幸せ」であり、自分の「幸せ」でもある。放っておいても不幸の種は失くならないわけです。そうした運動にエネルギーを注ぎ込むというのは、それはそれで立派なことですし、人間の幸福に寄与してるとも思います。しかしここで私が問題にしているのは、そういう環境がどうあろうと感じることのできる幸せのことです。もっと言えば幸せではなく「楽」のことなんです。極端な言い方をすれば、例

えば病気で入院している人は、退院するまで幸せを感じることができないのか、ということでもあります。つまり、宗教が問題にするのは、たとえ病気で入院していても感じることのできる幸せ、安楽についてなんです。病気に限らず、この世は自分の思い通りにはいかないですから、そのなかでどう心の平安を感じるか、という問題なんですね。

病気についても、いろんな考え方があるわけですが、私はやはり、それは何かのメッセージだと思いたい。例えば風邪なら、そろそろ休むべき時だったんだ、という位の軽いメッセージかもしれません。しかし癌などの重篤《じゅうとく》な病気ですと、なかなかそうは思いにくい。なんで私が癌にならなくてはいけなかったのか、と真剣に悩むでしょう。それは誰でもそうだと思います。キューブラー゠ロス博士も、末期癌患者の心の変遷を五段階に分けて説明していらっしゃいますが、最初はやはり否認・孤立です。しかし問題はそのあとなんです。博士は「怒り」「取引」「抑鬱」「受容」と続けますが、この「怒り」をなんとかできないものか、と思うんです。

自分が癌という病気にかかってしまったのも、きっとなにか、自分の人生が深まる目的で起こったのではないか？　自分に起こることには、全て積極的な意味があるはずだ。そう信じることはできないだろうか、と思うんです。これはさっき申し上げた「全て与えられている」ことに対する信仰と並ぶ、大きな信仰だと思います。自分がなにかを学ぶために全てのことは起こる、という信仰です。すでに起こってしまったことを否認したい気持ちは解りますが、否認しても否認しようがなければ、怒っても仕方ないんです。『法華経』には常不軽《じょうふぎょう》菩薩《ぼさつ》という方が出てきます。この方はどんなに嫌いな人にでも、その人の持つ無限な可能性の故に「我、汝を軽んぜず」といって礼拝《らいはい》したそうです。たとえ石をぶつけられても礼拝するんです。そこから人間関係は変わり始める。病気に対しても、この態度がとれたらなあ、というのが私の理想なんです。「我、汝を軽んぜず」って。

昏睡状態の人と対話する技術を開発したことで知られるアーノルド・ミンデルというアメリカの心理療法家は、「プロセス指向心理学」という方法論の創始者でもあるんですが、この方は、病気を尊敬し、耳を傾けるという方法を臨床の場でなさっているそうです。病気を尊敬するといっても解りにくいと思いますが、そもそも病気というものを抑圧された自己と捉えるんですね。そして自分の一部である病気の立場になってもらって、患者さん自身の声にならなかった声を聞きだすんです。これは相手が嫌な人間だとしても同じですよね。相手の言い分が理解できたら怒りや憎しみは消えます。同じようにして自分の中の病気の言い分をよく聞くことで、不思議なことに実際に難病が治っているそうです。またこのプロセス指向心理学を学んでいる人は、著しく発癌率が低いというデータもあるそうです。

ちょっと緻密な言い方ができませんでしたが、私は先程申しました二つの信仰こそ、幸せを感じるための必要充分条件だと思うんです。もう一度申しますと、自分には「すでに全てが与えられている」ということ。もう一つは、「全てのことは自分が何かを学び、深まるために起こる」ということです。ここでは幸せという言い方をしてますが、本当は安楽とか極楽とかって言いたいんですけどね。

# 十八　ご縁

## 自分ではどうにもならない人生の流れ

先程申し上げたミンデルの「プロセス指向心理学」ですが、「プロセス」というのは簡単に申し上げると「個を超えた大きな命の流れ」のようなものです。「トランス・パーソナル」な命の流れと云ってもいい。ミンデルは道教が好きなようですが、そちらの言葉で言えば「タオ」ということになりますね。無為自然《むいしぜん》、つまりさかしらな人智の及ばない大きな流れを意識し、起こることは全てその「プロセス」からのメッセージであると受けとめる人生態度です。

これは仏教ふうに言えば「ご縁」という言葉になります。先ほどの病気の話なども、「全てをご縁として受けとめていく」という一言で言えてしまいます。

しかしこれは、決して努力とか自力を否定するというわけではないんです。ただ起こったことを虚心に受けとめて、その流れに沿った努力をすることだと思うんです。

例えば私がどこかに講演に行ったとします。そして講演後、会場の外で知らない方に呼び止められた。こういう状況って、私はなにか期待しちゃうんですね。例えばその方が私の講演を聴いたわけでもなんでもないと尚更ですが、今の私に必要な何かを運んできた人じゃないかと思うんです。そこで例えばその方がとても嫌な言葉を吐いたとしても、私は基本的にその方がメッセンジャーであることは信じたい。

病気についてもそうです。私は中学校三年のときに日本脳炎に罹《かか》ったんです。福島県ではその夏二人発病して一人は死亡しました。幸いなことに私は助かりまして、後遺症もこの程度で済んだ。今じゃ後遺症なのか性格なのか判らなくなっちゃいました。思えば、あれは意識不明の時間を私に体験させるためのものだったんじゃないかと思うんですよ。それはある意味で、死に近似した体験ですよね。その後いろいろ考えたことが、僧侶としても小説を書く場合にも大きな滋養を与えてくれている気がするんです。

嫌なことを言われることも、日本脳炎に罹ったことも、自分ではどうしようもできなかったことですよね。その場合、それを負の体験として否定するんじゃなくて、そこからのメッセージを受け取るように努力するっていうことなんです。

先ほどのテーマで申し上げた二つの「信」というのも大いに関係してきますよね。つまり、人生というのが自分で捏造《ねつぞう》した自己を実現するものではなく、もっともっと大きな命の流れのようなものが自分において実現されていくものだと考える。そう考えることで「ご縁」というのは活かされ始めるんだと思うんです。

「成り行き任せ」なんていうとすごくいい加減な感じがするかもしれませんが、つまりはそういうことかもしれませんね。成り行きを大事に受けとめるんです。他人にでも成り行きにでも、完全に任せきるというのはとても強くないとできないことです。そしてその方が、結果としては幅広い自己の実現になっていくんでしょうから、つまりはより安楽な世界に到ることになるんだと思います。

## 希望を持たず、相手の希望に応じる生き方

じつは先日、「将来に希望が持てなくなったらどうするか」というタイトルでエッセイを書くようにという依頼があったんです。たぶんそんなふうに悩み苦しんでいる人は多いんでしょうね。

そこで書いたことなんですが、私たち日本人はどうも長い間の教育の成果なのか、将来

には希望や目標を持って当たり前という考え方になってるんですね。そう思ってませんか？　これは「十七　幸と不幸」のところでもお話ししたことだと思いますが、そうやって目標を立て、希望をもって、頑張ってそれが叶うとどうするか？　みんな次々に上方修正していくんじゃないですか？　将来への希望は、だから永久に叶わない。これって不幸だって、思ってみてもいいと思うんですけど、どうですか？

　つまり将来への希望を次々に叶える生き方をしてきて、もうある程度叶ってるんでしょ。だったらそろそろ希望を持つのを止めたらどうかと思うんです。そう言うとなんだか夢も希望もない、と受けとるかもしれませんが、そうじゃないんです。これまでは周囲のことを二の次にして、自分で勝手に限定した自己を実現しようとしてきた。だけどこれからは、周囲の希望に応じてみてはどうか、ということです。

　自分では希望が持てなくなってるかもしれませんが、周囲にはきっとあなたを待ち望んでいる人がいるはずです。その人の希望に沿ってみるんです。

　そんなこととしてたら自分がなくなってしまうと危機感を抱くかもしれませんが、大丈夫、そんなことで無くなりはしませんし、却って幅広い自分が出てきますよ。これは言ってみれば観音様の生き方なんですね。「善応諸方所《ぜんのうしょほうしょ》」と『観音経』では言いますが、つまり三十三に変身する、無数の自分がそこで発現していくわけです。この生き方は、特定の自己の実現ではなくて、自己という輪郭への挑戦ですよね。ですから一見受け身のようですけど、極めてチャレンジ精神に溢れた態度なんです。

うちのお寺の境内には「裸にて　生まれてきたに　何不足」と石に彫ってあります。もともと「知足《ちそく》」つまり「足るを知る」という言葉が『老子』にあって、それが仏典の翻訳の際に使われたんですが、先ほどの「すでに全て与えられている」という考え方と同じですよね。そういう考え方を俳句にしたものです。あっ、季語がないから川柳か。まあそれはともかく、裸で全て揃ってる。だから、そうであるなら、自分の周囲の希望というか、ご縁に応じていくことで無限の自己が現れてくることにもなるわけです。蘇軾《そしょく》が詠った「無《む》一物中《いちもつちゅう》　無《む》尽蔵《じんぞう》　花有り月有り楼台有り」というのはそういうことでしょう。「無一物」の「一物」というのは別に財産ということではなく、一番邪魔になる所有物、つまり「実現すべき特定の自己」のことじゃないでしょうか。そういうものを抱えていると、周囲のものが目に入らなくなる。ところがその「特定の自己」を目指すのをやめた途端、ああ花も美しい、月も輝いてた、こんな立派な建物もあったと気づくわけです。周囲の人の希望も見えてきます。極楽が麗しい風物に彩られるのはそういうことでしょう。

出る息の入る息またぬ世の中に　のどかに君は思いけるかな

詠み人知らずの歌なんですが、これこそ将来への目標や希望に汲々《きゅうきゅう》としてる人と、それを止めた人との違いじゃないでしょうか？　将来への希望を持たない生き方って、ちょっと聞くと可哀相にさえ思うかもしれませんが、私はそうは思わないんですよ。希望こそ苦しみの種です。だんだん仏教の云う極楽のイメージが摑めてきたんじゃないでしょうか。

## 嫌いな人と出逢う意味

誰でも一人や二人、苦手な人、嫌いな人というのがいるものですよね。相手の希望に応じる生き方と言われたって、そんな人には適応できないと思うでしょう。「十七　幸と不幸」のところで、自分の周囲に起こることには全て積極的な意味があると申し上げましたが、この苦手な人、嫌いな人のことはどう考えたらいいんでしょう？

禅では、「乾坤只一人《けんこんただいちにん》」という言葉があるんですが、これはこの世界に存在してる人は全て自分の分身だと思え、ということです。遺伝子から考えてもそうでしたよね。私たちの持っている遺伝子に大した違いはなくて、ただ目覚めている部分の違いが個性だと、まえにも申し上げたと思うんですが、そうだとすれば新聞を開いて出てくる殺人者も、非常に立派な行為で表彰される人も、全部自分の眠っている可能性の開花と思えるわけです。同じような遺伝子をもった人間ですから、「こんなことをするのは人間とは思えない」という場合でも、もしかすると自分の置かれた状況次第では自分がしていたかもしれない。禅では、そう考えましょうと言うんです。

だとすると、苦手な人、嫌な人というのも、自分の一部なんですね。嫌がって会わないようにしても、きっと似たようなタイプの人がまた現れますよ。

そういう人が存在して、しかも自分に出逢うことの意味は、おそらく自分にとって最も気づく必要のある自分の一部だからだと思うんです。そんなはずはないと思うでしょうけど、よーくその人を観察してみてください。そしてその人のどういう所が嫌なのか、考えてみてください。きっとそれは、今まで意識したくなかった自分の姿だと思います。

無意識でいるとそのまま変化しないことでも、意識化できたときにそれは自律的に変化し始めます。

多くの人は、自分のなかによくない感情、抱くべきではない感情を抱いたとき、それを否定し、押さえ込もうとします。そんな抑圧された感情はその人の中に変わらずに居坐ることになるんです。そしてそれがやがて他人の形をとって現れる。そう言うと気味が悪いかもしれませんので、その人の存在が強烈に気になるのはその抑圧された感情のせいだと言い直しましょうか。

しかしそんな感情も、実は自分のなかにあるわけですよね。本来、地獄《じごく》・餓鬼《がき》・畜生《ちくしょう》・修羅《しゅら》・人間《じんかん》・天《てん》という「六道」とか、それに声聞《しょうもん》・縁覚《えんがく》・菩薩《ぼさつ》・仏《ぶつ》を加えた「十界《じっかい》」を巡ってるわけですから。だからそれを認めてじっくり見つめたり味わったりしてあげるんです。そうすると不思議なことに、認められたことでその感情は穏やかに変化し始めるんです。

坐禅にも、実はそうした側面があります。ただ坐っているわけですから、いろんなことが浮かんできます。しかし今まで無意識でいた自分のなかの感情を見つめますから、だんだんあんまり激しい感情は湧いてこなくなるんです。これは本当に不思議ですよ。

嫌いな人がいるのも大切なご縁なんですね。そんな自分もあることを認識して、より幅広い自分になっていく。清濁併せ呑んだ、東洋的大人でしょうね。

しかしこうした考え方は、東洋だけじゃなく今や西洋の心理学でも採用しています。アイデンティティーという手狭な人格統合が、破綻してきてるんだと思います。だいたい「ヒューマン・ビーイング」という言い方にくらべると、「人間」という表現では、間柄そのものが人であるというように関係性をとても重視してますよね。だから「ご縁」は網の目に、無辺に拡がっていて見えませんが、その全てが今後も自分を自分たらしめていく。

そう思ったらどうでしょう。

縁は切れても思いは残る　草は焼けても根は残る

なんて言いますが、ご縁は切ろうと思って切れるものじゃないと思います。じっくり見つめてあげて、活かすしかないんじゃないでしょうか。だから仏教の極楽は、やはり最初に出てきた人間関係の問題を「良いご縁」としてクリアしたところに現れるんですね。

# 十九　生きていく意味

## 宇宙そのものが持った意識

ちょっと大袈裟かもしれませんが、私たちの中には宇宙そのものが凝縮されて入っているという考え方があります。『華厳経』のなかには「一即一切《いちそくいっさい》」「一切即一《いっさいそくいち》」という考え方が非常に色濃く出てくるんですが、要するに私たち自身の中に一切、ですから宇宙そのものも含まれているんです。まあ体の中の元素のことを考えてもそうですよね。私たちの中のナトリウムもカリウムも、この地球でできたものじゃない。地球くらいの圧力や温度ではできないいんですね。血液中の鉄分なんか、太陽の八倍は大きい星じゃないとできないっていうことですから、そういう星が爆発して微塵になって宇宙に飛び散って、そんな要素が再び凝集してこの地球ができたわけです。そして宇宙の星屑としてのそれらの元素は、私たちの体も構成してます。なんかポエジーみたいですが、私たちは本当に星屑でできてるんですね。

ところで宇宙そのもののできかたについては、反対意見もありますが、今のところビッグ・バンによって説明するのが一般的です。今から百二十億年ないし百三十五億年くらいまえ、ですから誤差が十五億年もあるんですが、じつは百五十億年説、百七十億年説もある。とにかく遥か昔のある時、信じられないくらい小さく凝縮されたエネルギーの球が爆発して拡散した。それが今でも拡散してる途中だというんですね。ビッグ・バンの〇・一秒後からあとのことは全て理論的に説明できるというんですが、この〇・一秒までが説明できないため、この理論に反対する人もいるわけです。これは専門家でも難しい問題ですから、私などが言及できることじゃありません。

しかしそれ以後のことだけ見ても、拡散の仕方が不均衡であったためにあちこちに濃度の違った物質の集まりができて、星雲が生みだされて、そうこうするうちに銀河系、太陽系、そして地球ができた。そこまでのことも、まあ「偶然」としましょう。しかしその後地球では、単なる物質でない生物が様々に生まれ、やがて「心」とか「精神」と云われるようなものを持った存在、つまり人間が発生したわけです。

人間というのは、宇宙という存在を認識できる初めての存在です。こうした存在が生まれたことは、私は単なる偶然とは思えないんです。

素粒子から原子、分子、高分子、そして細胞、器官と次々に複雑な秩序ができてきて、単なる物質からいつのまにか生命が生まれていたわけでしょ。今の科学を総動員しても、生命は生みだせないわけですが、それが宇宙の大きな流れのなかで生まれてきた。

私は、やはり宇宙そのものが、ある一定の方向に向かっているのではないか、という気がして仕方ないんです。宇宙の自己進化、といってもいいと思います。まあこれは、私がそう思うというより、大勢の学者さんたちが言ってるわけですね。アインシュタインたちがSomething Great（偉大なる何者か）を認めざるをえなかったのもそういうことでしょう。

宇宙にはある種の秩序がある、という考え方は、じつは多くの学説を支えています。一九六〇年代にはベルギーのノーベル（化学）賞受賞者プリコジンが熱力学の視野から「渾沌から生まれる秩序」という考え方を提出します。またプリコジンとも交流のあったエリッヒ・ヤンツは、もともとウィーン生まれの天体物理学者なんですが、全く信じがたいほど横断的に様々な学問を経て、八〇年には『自己組織化する宇宙』という本を書きます。彼はその考え方を技術予測とか経営計画などの分野にも敷衍していくんですが、最近ではアメリカのスチュアート・カウフマンが『自己組織化と進化の論理』で複雑系の秩序に関する考察を深めていますね。またフランスの生物学者であるフランシスコ・ヴァレラの「自己創出性」、オートポイエシスという言葉も聞いたことがあるんじゃないでしょうか？極めて単純に言ってしまえば、要するにこの宇宙には、自発的な秩序形成力があるのではないか、という考え方ですよね。

なぜに生命が地球上に現れたのか、このことから、多くの神話は語りだしますし、宗教にとっても大きなテーマだった。それは、偶然とは思えなかったからですよね。

しかも宇宙という存在が、初めて自分を認識したのは私たち人間の意識を通してだった。このことの意味はとても大きいと思うんです。いわば宇宙が持った初めての自分の眼が人間の眼だったわけですし、宇宙の耳は人間の耳、宇宙の口は人間の口なんです。

むろん人間の他にも、優れた生命体はいるはずだと考える人々はいますし、実際そうなのかもしれません。しかしそれはそれでいいじゃないですか？　私たちが宇宙を意識する存在であることに変わりはないんです。

## 自己意識という煩悩

人間は宇宙を意識できると申しましたが、私たち人間はじつはそれだけじゃなくて「自己」という意識をはっきり持ったほぼ最初の生き物なんですね。自己意識を司っているのは「前頭連合野《ぜんとうれんごうや》」といわれる脳の一部で、霊長類にも少しありますが、人間において特徴的に発達したと考えられています。

宇宙を意識するのはいいんですが、この自己意識が、じつは宇宙と直結するのを妨げてるんだと思うんです。

自己意識というのは何かと申しますと、簡単に言えば「自分が独特で一貫した存在であると思い込ませる意識」です。それについては今までも、例えば「物語」、「アイデンティティー」、あるいは「行《ぎょう》」という心の鋳型《いがた》として話してきたと思います。

仏教は、根深い心の構成力としての「行」を滅尽し、涅槃に入ることを説きますが、これはある意味で、自己意識を突破して宇宙と直結することの勧めじゃないでしょうか？「ワタクシ」という輪郭が破れることですね。

アインシュタインがこんなことを言っています。「人間は、私たちが宇宙と呼ぶ全体の一部である。時間と空間に限界づけられた一部である。人間は、自分自身、自分の思考や感情を他のものから分離した何ものかとして経験するが、それは一種の、意識の錯覚である」。ちょっと凄い発言でしょ。自分だけの思考とか感情だと思ってるのは錯覚だって言うんですよ。

時間と空間とが、客観的・絶対的に存在するのではなくて、あくまでもそれが相対的であることもアインシュタインは言ってますが、その相対的に各自のなかで生まれた時間やそのなかの自己が、私たちの最大の煩悩なんでしょうね。だって所詮、錯覚された自己なんですから。

貪《とん》・瞋《じん》・痴《ち》というのを仏教では三毒といいまして、私たちの眼を曇らせる最大のものと考えます。貪はむさぼり、瞋はいかり、痴はやる気のない、さぼり気分でしょうか。丁度『西遊記』の猪八戒《ちょはっかい》、孫悟空《そんごくう》、沙悟浄《さごじょう》はこの三つを人格化したものですが、こういうものを乗り越えて智慧を磨き、やがてはまえに申し上げた「行」も滅尽して涅槃に到る。そこで実現するのは、もしかすると私たちの眼が、宇宙そのものの眼になることではないかと思うんです。

お釈迦さまは、人間でなければ涅槃に到ることはできないと仰《おつしや》います。それは宇宙を意識できるのが人間だけだから、という面も勿論あるわけですが、逆にこの煩悩としての自己意識のせいかもしれないんですね。だって、我々の持ってしまった小さな小さな自己意識が、宇宙的に拡大することでもあるんだと思うんですよ、解脱《げだつ》って。自己意識という強力な秩序化へのエネルギーがなければそれは初めから可能性のないことかもしれないですよね。

そうだとすると宇宙は、宇宙自身が自らを意識できる方向に進化してる、とも言えるでしょう。そして、人類のなかで、その宇宙との一体化を実現したのがお釈迦さまとかイエス・キリスト、あるいは老子とか、空海なんかも入るんじゃないかと思うんです。空海は宇宙と一体化した状態での智慧を「法界体性智《ほっかいたいしょうち》」と言い、またそこにおける我々の心を「秘密荘厳心《ひみつしょうごんしん》」と表現しました。秘密というのは、わざわざ隠してるわけじゃなくて、言葉では表現しようがない、という意味ですね。表現しようのない素晴らしい心を体験してしまった。それはアインシュタインの言う「意識の錯覚」を超えたものですから、「宇宙意識」とでも呼ぶべきものでしょう。

もちろんそんな体験は、ほんの一握りの人々しかしていないと思います。だから、私たちが生きていく意味は、「宇宙意識」をもつことだ、なんていうと、抵抗を感じる人も多いと思います。しかし私は、どうしてもそんなふうに進んでいってると思えるんです。別に、それを目標にしてるということではないんですが、自然にそうなっていく、その流れを楽しみたいんです。

煩悩そのものが「宇宙意識」へ拡大する噴射力になるっていうのも、なんかイイでしょ。だって煩悩がなかったら、戒律も意味がない。戒律によって実現する禅定《ぜんじょう》も、禅定によって得られる智慧も、煩悩あってこそ到達できるものなわけですよ。戒・定・慧という仏教の「三学」の、根底を支えているのは煩悩です。なかでも一番しぶとい煩悩が「自己意識」なんだと思います。

煩悩が菩提となるのためしには　渋柿を見よ甘干しとなる

これまた詠み人知らずで恐縮ですが、俳句でも「渋柿の　渋そのものの　甘さかな」と詠われます。

人間だけが獲得した自己意識が煩悩だなんて、ショックだと思いますが、だからこそ、それが反転して素晴らしい体験もさせてくれる。そういうことじゃないでしょうか。

自己意識が宇宙意識まで拡大すること、換言すれば自己超越を通しての自己実現、そこにこそゆるぎない極楽状態があるのかもしれません。

最後に、先ほどふれたエリッヒ・ヤンツの遺作になった『進化の展望』の序文から、素敵な言葉を紹介しておきたいと思います。

これはヤンツ自身も好きだった東洋哲学の先達であるハーバート・ギュンターの論文にふれて書かれているんですが、こんな言葉です。

ここでは進化を「つねに知的でありつづける宇宙が本来的にもつ遊び心（playfulness）の発露と見ている。「そして、この事実を漸次、認識し実現していくことこそ、人として生きる者の最大の挑戦であり冒険であり充足なのだ」

これは「エリッヒ・ヤンツを偲んで」と題してイリヤ・プリコジンが書いた文章からの引用なんですが、噛みしめたい言葉です。このplayfulnessというのが、もしかすると「ご縁」という受けとめ方のようにも思えるんです。

## エネルギーの流れに乗って生きる

ところで宇宙に関して、物理学者のデヴィッド・ボームは「二重構造の宇宙」という考え方を提出しています。それは簡単に言うと、眼に見える次元の私たちの宇宙（＝明在系）と眼に見えない次元の宇宙（＝暗在系）です。宇宙物理学者のなかには「併行宇宙」というものを想定する人もいますが、要するにそうした存在を想定しないと、さまざまな現象の説明がつかなくなっている、ということですね。

ちょっと不思議な話ですが、彼によれば、暗在系の宇宙では、私とあなたと彼と彼女の区別がないといいます。解りますか？　また物質も精神も時間も空間も、そこでは渾然《こんぜん》と溶けあっていて分離不可能なんだそうです。もっと言えば、太陽も月も花も鳥も、エネルギーとして溶けあったまま畳み込まれているんです。まあ素粒子が霧のような状態で存在してると想像してください。素粒子ですから眼に見えませんから、そこではあらゆるものが「どこにも存在していない」とも言えますし、逆に「どこにでも存在している」という言い方も可能になります。しかもボームによれば、素粒子は、この暗在系と明在系とを自由に行き来してるというんです。

もしそれが本当だとすれば、さっきのアインシュタインの言葉も頷けますよね。「人間は、自分自身、自分の思考や感情を他のものから分離した何ものかとして経験するが、それは一種の、意識の錯覚である」。それは、私たちの属する明在系の宇宙だけでの出来事だ、ということになるんですね。

併行宇宙もそうですが、暗在系の宇宙も、別に何万光年もの彼方にあるとは限らない。それはすぐそばにあるかもしれないし、我々の空間意識では捉えられないのかもしれないんですね。

宇宙が二重構造だとすると、さっきの宇宙意識というのも複雑になってきます。

しかし私は、私たちが宇宙を意識する仕方は、むしろこの暗在系に依るところが大きいような気がするんです。素粒子は常に往来してるっていうんですから。

例えばですが、この暗在系の宇宙のエネルギーが何らかの因縁で形をとると考えてみてください。つまり「空即是色《くうそくぜしき》」ですね。「空」はエネルギー、「色」は物体と考えていいと思います。エネルギーである「実相《じっそう》」を見た人が、「実相無相《むそう》」と呟いた。本当の姿とは姿のないエネルギーなのだ、と。因みに呟いた人というのはお釈迦さまですが。実相は空であるけれど、それが因縁によってある姿をとったわけです。その姿は「虚仮《こけ》」なんて呼ばれます。仮の姿ですね。

逆に、今度は姿のあったものがエネルギーに還元されていくのが「色即是空《しきそくぜくう》」です。アインシュタインは質量というのもエネルギーの一形態である、と言ってますが、そうだとすれば人が死ぬときに減少する質量もエネルギー化される。アメリカで今、人が亡くなる時に何グラム減るかを測っている病院があることを「十一『死』について」ですでに御紹介しましたが、それは膨大なエネルギーだっていうんです。

そのエネルギーはある程度使われたりもすると思うんですが、余ったものはもしかすると暗在系に蓄えられるんじゃないか、なんて思うんですね。

そうして純粋なエネルギー体である暗在系の宇宙そのものが、あるいはアミターバと呼ばれたのかもしれない。あるいは道教で「タオ」と呼ばれ、『大乗起信論《だいじょうきしんろん》』で「真如《しんにょ》」と呼ばれ、プロティノスには「一者」と呼ばれ、ウパニシャッド哲学では「ブラフマン（梵《ぼん》）」と呼ばれ、イスラムの神学者・詩人イブヌル・アラビーには「ウジュード（存在）」と呼ばれたんじゃないか。親鸞聖人は同じものを「阿弥陀仏の御命《おんいのち》」と呼んだのではないか？　いずれも「仮名《けみょう》」に過ぎず、本来は言葉で名づけられないわけですけど。道元禅師の「仏の御命」という表現も同じことだと思います。名づけようのない渾然としたエネルギーが、さまざまに呼ばれたんだと思います。

そう認めたうえで、そのエネルギー自体が向かいつつある方向性に任せてみる。だから、なんと表現してもいいんですが、例えば「仏の御命」だとすると、私が食事するんではなくて「仏の御命」がサンマを食べてるんですね。「仏の御命」がトイレに行ったり本を読んだりする。「仏の御命」が嫌な奴と出逢ったりケンカしたりもするわけですから、それは「ご縁」として受けとめるということにもなるわけです。なにか私たちには計り知れない意味がおそらくあるんです。

表現はなんでもいいんです。例えば「タオ」が花になって咲いたり、鳥になって鳴くんです。松尾芭蕉がこんな句を詠んでます。

よく見れば　なずな花咲く　垣根哉《かな》

ここには『華厳経』の「一切即一」の世界観が色濃く見てとれます。それは「タオ」とか「真如」がなずなとして咲いてるわけです。禅語の「処々全真《しょしょぜんしん》」というのもそういう事態を言った言葉です。

私たちは、せっかく人間に生まれたわけですから、この自己意識を脱却してその「タオ」に出逢いたい。「真如」や「一者」と呼ばれる事態に出逢いたい。しかし、だからといって、それを目指して頑張る、ということではないと思うんです。「頑張る」つまり「我を張る」のとは逆に、お任せしていいと思うんです。暗在系のエネルギーそのものの向かう方向に任せればいいと思うんです。きっと極楽は、その先というか、そのエネルギーの流れに乗っかった時に現れる世界じゃないでしょうか。

## 自力と他力の現在形

よく教科書なんかでは、仏教を「自力」と「他力」に分けてあったりしますが、時代背景のなかでそうした区分が有効だった時はあったわけですが、基本的にはちょっと極端な区別ですよね。

我々は、生まれたときは他力の真只中に生まれてくるわけです。だって、なんて泣いてやろうかなんて考えた人はいないでしょう。「おぎゃあ」と泣くのは他力ですよね。心臓の拍動も消化器の蠕動《ぜんどう》も、みんな他力で動いてます。

大人になってからだってそうです。トイレに行くのが完全他力だったら漏らしちゃいますが、行ってズボンを下げるのは自力でも、あとは他力でしょ、終わるまでは。禅宗ではせめて呼吸くらい、自覚的に意識的にやろうよ、と言いますが、それだって肺の働きまで制御できるわけじゃありません。むろん、ふだん自律神経が勝手に制御してくれてる部分を、できるだけ意識的にしようという考え方はヨガにも禅にもあります。しかし、だからこそ、体の中で働いている他力を、ひしひしと感じるんですよね。

他力の真只中で生まれ、やがて言葉を覚えて智慧づいて「自力」で棹《さお》さし始めますが、いずれまた人間は、他力に目覚めるんじゃないかと思うんです。それは青い鳥を外に探しに行って結局家で見つけたり、エデンの園を出てからその素晴らしさに気づくのと同じ流れです。いつか気づくんですね、自分の内側に働いてる他力と外側に働いてる他力に。

そしてそれが同じ力だということにも気づく。

気づいたらあとはその「他力」に任せてみる。全てを「ご縁」と受けとめてみる。そういうことじゃないでしょうか？

自力聖道門《じりきしょうどうもん》なんて呼ばれるのが禅宗で、他力易行宗《たりきいぎょうしゅう》というのがだいたい浄土宗系統ですが、自力のほうの一つである曹洞宗の道元禅師にこんな言葉があります。『正法眼蔵《しょうぼうげんぞう》』の「生死の巻」ですが、「ただ我が身をも心をもはなちわすれて、仏のいえになげいれて、仏のかたよりおこなわれて、これにしたがいもてゆくとき、力をもいれず、心をもついやさずして、生死をはなれ、仏となる」。

先ほどのデヴィッド・ボームの暗在系の宇宙を知ってしまった私たちには、どうしてもそれを体験した人の言葉に聞こえるんですが、如何ですか。我が身とか心とかの輪郭が溶けて、純粋なエネルギーとして存在しているのが「仏の家」じゃないですか。それに身を任せ、力も入れず、心も費やさなくていい。というより、それでこそ仏になれるって仰《おっしゃ》るわけです。仏になれる場所ですから、当然そこが極楽です。

むろん他力宗にも優れた言葉があります。これは一遍上人の『消息法語《しょうそくほうご》』にあるんですが、「南無阿弥陀仏と一度正直に帰命《きみょう》せし一念の後は、我も我にあらず、故に心も阿弥陀仏の御心、身の振舞も阿弥陀仏の御振舞、ことばも阿弥陀仏の御言《おんことば》なれば、生きたる命も阿弥陀仏の御命なり」。

どうですか、まさにアインシュタインのいう、この宇宙に限界づけられた自己を超えてるでしょ。「帰命」というのは「南無《なむ》」の翻訳語なんですが、命を帰す場所は暗在系なんじゃないでしょうか。つまり素粒子レベルでの二つの宇宙の交流に気づいてしまったために、全てがその本源的命の発露だと思える、という表明ですよね。

自力というのは「はからい」の世界、有為の世界。他力というのは「はからいのない」無為の世界のことです。だからどんな宗派も、まず自力から入るしかないわけですが、やがて他力に気づいて身を任せるようになるんじゃないでしょうか。念仏だって最初は自力で称えるんですから。極楽浄土は他力の専売特許みたいに思ってるかもしれませんが、やっぱりそこへ行くには、自力と他力と両方必要だということですね。

## 「頓悟《とんご》漸修《ぜんしゅう》」答えはすでに存在している、あとは気付くだけ

だいたい見当がついてるかもしれませんが、私が最後の章で申し上げたいのは、「生きていく意味」なんて、わざわざ苦労してでっちあげなくていいということです。誰でも、自然に気づくものだと思いますし、他人が答える問題ではないんです。

お釈迦さまには、弟子たちに問われても答えようとしなかった問題があります。それは「十難《じゅうなん》」と呼ばれまして、その答えなかった態度は「無記《むき》」と誌《しる》されています。併せて「十難無記」というんです。

どんな問いかと申しますと、世界は時間的に無限か（1）、有限か（2）、世界は空間的に有限か（3）、無限か（4）、そして身体と霊魂は、同一か（5）、別か（6）、真理を達成した如来は、死後に、生存するか（7）、生存しないか（8）、生存し、また生存しないか（9）、生存するのでもなく、また生存しないのでもないのか（10）、という十個なんですが、やはり現在の人が気にするのと同じようなことを、当時の人々も気にしてたんですね。

そしてお釈迦さまはこれらの問いに、決して答えようとしなかったそうです。解らないから答えないんだろうとか、いろんな誹謗中傷《ひぼうちゅうしょう》もあったようですが、それでも頑として答えなかった。なぜかというと、本当のところはやはり謎に包まれているわけですが、ヒントになるようなことが『雑阿含経《ぞうあごんきょう》』に書いてあります。「問われて（答えを）果たすことがないであろうし、更にまた悩乱に陥るだろうからである。何故であるか、比丘《びく》等よ、それは境界ではないからである」

「境界」というのは自己意識に関係のない客観的な存在のことです。ですから、これらの問題に対する答えは、全て意識そのものの在り方に関係しているから答えようがない、ということです。だって相手の意識レベルに解るようには答えようがないってこと、あるでしょ。無理に答えて誤解されるより、お釈迦さまは相手の意識レベルが変容することを第一に重要だと考えていたんだと思います。だからこそ、お釈迦さまは意識の変容を促す瞑想こそ涅槃に到る道であるとして、それを勧めるんです。そして「瞑想によって体験する以上のことは、死後にも起こらない」とまで仰るんですね。

ですから私たちも、この「十難」については考えなくていいと思います。宇宙の始まりのことも終わりのことも、死後についても今の意識レベルで思い悩んでも答えは出ないと思ってください。やがて意識が変容することがあって、自然に体験するだろうと思いますよ。

あえて「生きていく意味」は何か、ともう一度訊かれれば、私としては大いなる命の流れに身を任せながら、無常を楽しむことだと申し上げたいですね。無常なるものの中でも、とりわけ自己意識の変容です。

自己意識というのも、一度変化すれば全てが解るなんていうものじゃない。何度も何度も、あるとき不意にそれは起こると思います。これを「頓悟《とんご》」と云いますが、我々はその悟りでどんな現実も乗り切っていけるわけではありませんから、また困難にぶつかったら宇宙意識に沿って努力する。全てを「ご縁」と受けとめる努力と云ってもいい。これが「漸修《ぜんしゅう》」です。言ってみれば、この「漸修」という努力があるからこそ「頓悟」もある。

結局のところ、私たちの人生は「頓悟漸修」なんだと思います。今、答えが出ない問題を抱えているからといって、性急にそれを求めなくていいんです。

ここでもう一度エリッヒ・ヤンツの言葉を憶いだして下さい。彼によれば人生は、宇宙が本来もっている遊び心に漸次同化していくことなんです。だんだん認識してだんだん実現していくことなんです。

答えはすでに悠々と存在しています。道も作ったり切り開いたりするものじゃなくて、すでに堂々と存在してるんだと思います。答えも道も、あなたが自然に気づくのを楽しみに待ってくれてるんじゃないでしょうか？

なんだか自力宗と云われる禅宗の坊さんらしくない結論ですかねえ。

だけどそんな枠組みはあまり気にしなくていいと思いますよ。

世の中にはいろんな問題が溢れているわけですが、その全てを一つの宗教・宗派の枠組みのなかで解決していこうという態度には無理があると思います。元々宗教には、自らの統一性・整合性のために個別の問題に対する解釈を歪曲してしまうという側面がある。中国における輪廻《りんね》思想の拒否などその典型でしょう。

だから無節操と感じるかもしれませんが、いろんな考え方、さまざまな人生観、人間観に触れることは決して無駄じゃない。一見遠廻りのように感じるかもしれませんが、却ってパノラマのように景色が拡がって解りやすくなる場合も多いと思います。

「急がば廻れ」という言葉と「善は急げ」という言葉がありますが、私は別に「急がば廻れ」のほうが正しいと言ってるわけじゃありません。両方とも力をもった言葉として生き延びているということは、ケースバイケースでどちらも正しいということでしょ。行動の美学や人生観の統一性なんかのために、どちらかに決めて自分で窮屈にすることはない。だいいちどちらが早道かは、あとになってからでないと判らないものですよね。案外廻り道と思って歩いていて、眼からウロコが落ちたりすることって多いですよね。頓悟っていうのは、俗な言い方をすれば眼からウロコが落ちることです。

俗な言い方なんて言いましたけど、これって、もとは『新約聖書』の中の言葉だってご存じですか？　「使徒行伝」の九章十八節に出てくるんです。イエス一派の迫害者であったサウロが三日間失明するんですが、イエスに遣《つか》わされたアナニヤが手を翳《かざ》すと眼からウロコのようなものが落ちてまた見えるようになって、彼はその後重要な弟子の一人になる。ある意味では、それまで信じていた枠組みが壊れることが「頓悟」かもしれない。

私がここで申し上げたいのは、日本人は素敵だと思った表現は『聖書』からだって貪欲に採り入れてるということです。儒教や道教だったらもっともっとある。

どんな宗教や思想からだって、自分にとって必要な極楽の材料がいただけるんじゃないですか？　トータルに宗教どうしを比較して優劣を決めるんじゃなくて、いろんな考え方から幅広く安楽を頂戴するんです。そしてそういう廻り道の過程そのものが人生だし、廻り道だと余裕をもって思ってるほうが頓悟の機会は多いんじゃないでしょうか。

一途にまっしぐら、というのは言わば正しさに取り憑かれた生き方かもしれない。私たちが目指したいのは、正しさではなく極めつきの楽しさですから、むしろ積極的に廻り道そのものを楽しんだらいい。新しい思考の風景に触れ、ああ、いいなあ、安楽だなあ、といって「頓悟」する。しかしそのうちそれじゃ通用しないことも起こりますから、また別な角度から極楽を見せてくれるための「ご縁」なんだと思って「漸修」も楽しむんです。最終的に辿り着くところは極めつきの安楽、「極楽」なんだと信じてください。その上で、散策を楽しむように、今自分の足許に見えている道を歩いていくしかない。道端の景色を楽しむように、医学でも生物学でも物理学でも天文学でも、あるいは仏教、キリスト教、イスラム教、なんでも齧《かじ》ればいい。みんな自分が極楽に辿りつくための考え方の宝庫です。

私は極楽を、ただ仏教という枠組みが想定している理想郷だとは思わないでほしいんです。どんな宗教がめざしたものも、当初は精神的安楽、つまり極楽であったはずです。宗教が正しさを主張しはじめるからおかしくなる。慌ててまとめようとするのもそのせいでしょう。

宗教や思想の枠組みそのものが精神的安楽を邪魔するものだと割り切って、枠を乗り越えて大まわりに廻り道すればいいと思いますよ。

いいじゃないですか、無節操と言われたって。人間、そう簡単にまとまるもんじゃないと思いますよ。棺桶に入るときに漸くまとまるんでしょ。

最後まで読んでいただいて本当にありがとうございました。この本を読むことで「極楽」までは行けなくても、なんとなく「楽」になっていただけたら、私「幸福」です。あれ？

**初出誌**

「時間に救われるということ」「老いてから生まれる輝き」「幸と不幸」→「週刊朝日別冊　小説トリッパー」二〇〇三年春季号に掲載。他は書き下ろし

**玄侑宗久**

　一九五六年福島県三春町生まれ。慶應義塾大学中国文学科卒。さまざまな仕事を経験した後、京都、天龍寺専門道場にて修行。一九八七年に臨済宗妙心寺派、福聚寺副住職となる。

　僧職のかたわら、〝死の周辺での心の交流〟を主題に執筆活動を行い、デビュー作『水の舳先《へさき》』（二〇〇一年　新潮社）が芥川賞候補作となり、二〇〇一年『中陰の花』（文藝春秋）で同賞を受賞。その他の著書に『アブラクサスの祭』（二〇〇一年　新潮社）、『化蝶《けちょう》散華《さんげ》』（二〇〇二年　新潮社）、『玄侑宗久　ちょっとイイ人生の作り方（課外授業　ようこそ先輩　別冊）』（二〇〇二年　KTC中央出版）、『御開帳綺譚』（二〇〇二年　文藝春秋）、『アミターバ――無量《むりょう》光明《こうみょう》』（二〇〇三年　新潮社）、『私だけの仏教』（二〇〇三年　講談社＋α新書）がある。

　現在、妙心寺派教学研究委員、福島県警通訳（英語・中国語）等。講演活動も多い。

公認ホームページ http://www.genyusokyu.com

まわりみち極楽論《ごくらくろん》　人生《じんせい》の不安《ふあん》にこたえる

二〇〇三年六月三〇日　第一刷発行
二〇〇四年一月　十　日　第六刷発行

著　者　玄《げん》侑《ゆう》宗《そう》久《きゅう》

発行者　矢坂美紀子
発行所　朝日新聞社
編集・文芸編集部　販売・出版販売部
〒一〇四―八〇一一　東京都中央区築地五―三―二
☎〇三―三五四五―〇一三一（代表）
振替　〇〇一九〇―〇―一五五四一四
印刷所　図書印刷

ISBN4-02-257839-4
定価はカバーに表示してあります